Werner Gitt

Denken, glauben, leben

Technik, Religion, Evangelium

Hänssler-Verlag
Neuhausen-Stuttgart

CIP-Kurztitelaufnahme der Deutschen Bibliothek

Gitt, Werner:
Denken, glauben, leben : Technik, Religion, Evangelium / Werner Gitt. –
2. Aufl. – Neuhausen-Stuttgart : Hänssler, 1985. – 112 S.
(Wissen und Leben; 3)
ISBN 3-7751-0791-6
NE: GT

2. Auflage 1985
Best.-Nr. 82 853

Satz: Bauer & Bökeler Filmsatz GmbH, Denkendorf
Druck: St.-Johannis-Druckerei, Lahr-Dinglingen

Inhaltsverzeichnis

Vorwort

Betrachtet man die zentralen Aussagen der biblischen Botschaft, so könnte man die von Gott gegebenen Informationen als Antworten zu den beiden folgenden Hauptproblemen auffassen:

1. Denkfragen
2. Existenzfragen

1. Denkfragen: Es liegt im Wesen des Menschen, daß er denkt. Der französische Philosoph *René Descartes* (1596–1650) empfand das Denken als ein so grundlegendes Phänomen, daß er darin den Beweis für das Sein des Menschen sah: »Ich denke, also bin ich.« Die Fähigkeit des Denkens ist ein Geschenk Gottes, mit dem er den Menschen adelte und ihn dadurch deutlich vom Tierreich abhob. Durch den Sündenfall wurde auch das Denken in Mitleidenschaft gezogen (Eph 4,18), dennoch ist uns die Möglichkeit erhalten geblieben, Gott zu erkennen. Es ist sogar sein ausdrücklicher Befehl, ihn als den Herrn zu erkennen und anzunehmen (Ps 100,3).

Gelegentlich wird gefragt, warum Gott so verschwenderisch viele Sterne in die Schöpfung hineingelegt hat. Die Antwort ist trivial (Ps 19,2–4; Röm 1,20): Auch ohne Bibel und Wortverkündigung sollen wir an der unermeßlichen Fülle der Schöpfungswerke erkennen, daß ein Gott existiert und wie unfaßbar groß seine Kraft ist. Dieses Erkennen Gottes ist ein Akt schlußfolgernden Denkens. Die Bibel selbst ist voller Beispiele, wo Gott unser Denken anregt oder sogar herausfordert (z. B. Mt 21,24–31) und unserem Wissensbedarf mit vielen Informationen entgegenkommt (Am 3,7). In diesem Sinne möchte auch die »blaue« Buchreihe WORT + WISSEN, die eine Parallele zu dieser Ausgabe bildet, als wissenschaftliche Konzeption, insbesondere vom Denkansatz herkommend, dem Menschen unserer Tage Hilfen geben, um mit einem intellektuell unbelasteten Gewissen die Fakten der Welt und die Aussagen der Bibel zu verstehen. Die Hilfe ist in unserer weitgehend atheistisch geprägten Umwelt sowohl für den Gläubigen erforderlich als auch für den, der noch für CHRISTUS gewonnen werden soll.

2. Existenzfragen: Bei näherem Betrachten des Wortes Gottes stellen wir allerdings fest, daß Gott uns in erster Linie nicht in unserer Denknot abholen will, sondern in unserer Existenznot. In Anlehnung an Matthäus 16, 26 können wir sagen: »Was hülfe es dem Menschen, wenn er alle Erkenntnisse dieser Welt auf sich vereinigen könnte, und führe am Ende doch in die Hölle.« Im Kreuz JESU CHRISTI, das zwar all unseren rationalen Denksystemen und philosophischen Gedankengebäuden widerstrebt, hat sich Gott unserer Existenznot angenommen und uns sowohl eine sinnhafte Mitte in diesem Leben gegeben als auch die Ewigkeitsfrage verbindlich gelöst. Ob wir »Zigeuner am Rande des Universums« *(J. Monod),* »Ungeziefer der Erdrinde« *(F. Nietzsche)* oder »Kinder und Geliebte des Vaters im Himmel« sind, diese Kernfrage unserer Existenz entscheidet sich weder in Bereichen naturwissenschaftlicher oder philosophischer noch religiöser Denkkategorien, sondern einzig an der Stellung zur Person JESU CHRISTI, dem Sohn des lebendigen Gottes. Wir sind entweder Erben des Himmels oder Verlorene der Hölle. Nach dem Zeugnis der Bibel gibt es keine Zwischenstation. Wozu wir wirklich gehören, ist somit eine grundlegende Frage unseres Lebens, die uns alle zutiefst betrifft.

In diesem Buch geht es nicht sosehr um Denkfragen, sondern zentral um unsere Existenz, d. h., wir wollen einerseits den Heilsweg zum Leben aufzeigen und müssen andererseits auch die Irrwege zur Verlorenheit deutlich markieren. Wir stehen vor der Aufgabe, über den falschen Weg zu *urteilen* und den Menschen in seiner Situation richtig zu *beurteilen,* ohne ihn zu *verurteilen.* Es kommt dabei nicht auf unser eigenes Denken und Wollen an, sondern nur im Lichte des Wortes Gottes können wir die Existenzfrage des Menschen in seinen verschiedenen Situationen zutreffend behandeln. Es geht um den Menschen in seiner Bindung in den zahlreichen Religionen, um die nichtevangelisierten Heiden, um die Menschen in christlicher Tradition und um jene, die mit dem Evangelium leben. Anders ausgedrückt heißt unser Thema:

Der große Unterschied zwischen Religion und Evangelium

Durch zahlreiche Zitate der Bibel werden wir das Wort Gottes ausgiebig zu uns reden lassen, denn nur dort allein erhalten wir die letztgültige verbindliche Aussage. Da das Nachschlagen jeder einzelnen Stelle den Lesefluß unterbrechen würde, werden wir die meisten Zitate wörtlich ausschreiben.

Dankbar bin ich meiner Frau, die jeden Gedanken dieses Buches mit mir durchdacht hat. Sie gab mir bei der Durchsicht des Manuskriptes wertvolle Hinweise und hat auch die Maschinenschrift des Manuskriptes übernommen.

Es ist unser Gebet, daß dieses Buch vielen Menschen eine biblische Antwort auf existentielle Fragen in der Spannweite zwischen Himmel und Hölle geben und zu einer klaren, zielorientierten und freien Entscheidung verhelfen möge.

Werner Gitt

1. Einleitung

Im folgenden Beitrag soll eine Problematik eingehend behandelt werden, die unter Christen wie Nichtchristen immer wieder zu bewegten Diskussionen führt. Mit drei immer wieder gestellten Fragen ist die Thematik skizziert:

- Es gibt so viele Religionen. Sind alle falsch, gibt es eine richtige, oder führen letztlich doch alle zum Ziel?
- Es gibt so viele Menschen, die das Evangelium noch nie gehört haben. Sind diese automatisch gerettet, oder sind sie alle verloren?
- Viele Menschen lebten vor dem Kommen JESU in dieser Welt. Was ist mit diesen? Wo verbringen diese die Ewigkeit?

Aus zahlreichen Gesprächen weiß der Verfasser, daß diese Fragen zu den am häufigst gestellten gehören, wenn es zu Glaubensfragen kommt. Manche Zeitgenossen stellen diese Fragen nach der Verkündigung des Evangeliums, um auf diese Weise von der eigenen Entscheidung abzulenken. In den weitaus meisten Fällen sind es aber echte Fragen, auf die eine klare biblische Antwort gesucht wird.

So wollen wir diese *»heißen Eisen«* einmal anfassen und dies unter folgenden Voraussetzungen tun:

- Die einzig verbindliche Antwort kann uns nur Gott selbst geben. Wir wollen die Aussagen zusammentragen, unabhängig davon, ob das in unsere eigenen menschlichen Wunschvorstellungen hineinpaßt oder nicht. So wollen wir sehr intensiv auf das Wort Gottes achten.
- Die *ganze* Bibel ist das *von Gott eingegebene Wort* (2 Tim 3, 16). Bleiben wir auf diesem Grund, so haben wir Felsengrund unter unseren Füßen, andernfalls begeben wir uns auf den Treibsand menschlicher Spekulationen.

2. Die Erfindungsgabe des Menschen: Millionen Patente

Die Erfindungsgabe des Menschen ist schier unermeßlich. Immer, wenn die Menschen ein Problem hatten, haben sie darüber nachgedacht und nach einer Lösung gesucht. Die Statistik des *Deutschen Patentamtes* in München (DPA) kann uns davon einen nachhaltigen Eindruck vermitteln [3]. So wurde allein beim DPA in den Jahren 1948 bis 1979 die immense Zahl von 1 977 896 Patenten angemeldet. Der deutsche Anteil davon betrug 1 146 595 Patente. Im Jahre 1980 wurden in München 48 583 Anmeldungen vorgenommen. Die menschlichen Erfindungen umfassen so spektakuläre Dinge wie das Flugzeug, den Computer oder das Telefon, die die Welt prägend veränderten, wie auch Prinzipien und Methoden, die für das alltägliche Leben nützlich sind. Viele Erfindungen haben Vorläufer gehabt, die seinerzeit Aufsehen erregten, aber heute nur noch Museumswert besitzen. So ist die neuzeitliche Geschichte der Landtechnik ohne den Dampfpflug unvorstellbar. *Bild 1* zeigt eine ganz bestimmte Art, nämlich den *Dampfspatenpflug* [5] aus dem Jahre 1877. Dieses tonnenschwere Monstrum wurde von einer Dampfmaschine angetrieben und zeichnete sich dadurch aus, daß durch dieses neuartige Verfahren der Bodenbearbeitung die Erde gewendet und zugleich auch gekrümelt und vermengt werden sollte. Längst sind traktorgetriebene Mehrfachkipp-Pflüge an ihre Stelle getreten, nachdem menschlicher Erfindergeist sich immer wieder dieses Problems angenommen hatte.

Die Einfälle der Menschen haben auch Erfindungen hervorgebracht, die heute zur Kuriositätensammlung gehören und uns nur noch zu einem überlegenen Schmunzeln veranlassen. So wurde 1910 unter DRP 235 849 eine »Sicherung gegen Diebstahl und Vertauschen von Kopfbedeckungen« patentiert. In der Begründung hieß es: »Die Erfindung wirkt in der Weise, daß sie in der Sicherstellung die innere Höhlung der Kopfbedeckung durch einen quer durch sie hindurchlaufenden Sperrteil versperrt und so die Benutzung unmöglich macht, gegebenenfalls aber auch

Bild 1: Dampfspatenpflug aus dem Jahre 1877.

zum Anschließen des Hutes an einen Garderobenständer oder dgl. dienen kann.« Eine Reihe von Erfindern empfand die beim Gehen erreichte Geschwindigkeit als zu gering und setzte hier entsprechend an. So meldete 1903 *Robert Michael* aus Leipzig seinen *»Kurvenschuh«* – eine Vorrichtung zur Vergrößerung der Schrittlänge – unter der Nummer 152 505 zum Patent an *(Bild 2)*. In der Patentschrift heißt es: »Der Kurvenschuh soll der schnellen Fortbewegung der Menschen durch Gehbewegung dienen und im Notfalle die Möglichkeit gewähren, Hindernisse zu übersteigen, ohne daß der Läufer genötigt ist, das Gerät zu verlassen.« Schließlich kam *Georg Erich Haehnel* aus Griesheim 1920 auf die Idee, Gasmotorenzylinder unter die Füße zu schnallen, um ein sprunghaftes Vorwärtsbewegen zu ermöglichen (DRP 353 119). Ein weites Spektrum kurioser Erfindungen verspricht eine erhebliche Steigerung der Badewonne. *Bild 3* zeigt selbsterklärend die von *Carl Dittmann* 1889 mit Patent Nr. 51 766 angemeldete *»Wellenbad-Schaukel«*.

Zu einer nicht unerwähnt bleibenden Gruppe von Erfindungen gehören die *»perpetua mobilia«*. Die zu dieser Kategorie gehörenden Erfinder haben oft ihr ganzes Leben und ihren Besitz eingesetzt, um eine Maschine zu erfinden, die ohne Energiezufuhr läuft. Hätten sie grundlegende Naturgesetze (z. B. Energiesatz, Entropiesatz), die diese Art von Maschinen prinzipiell aus-

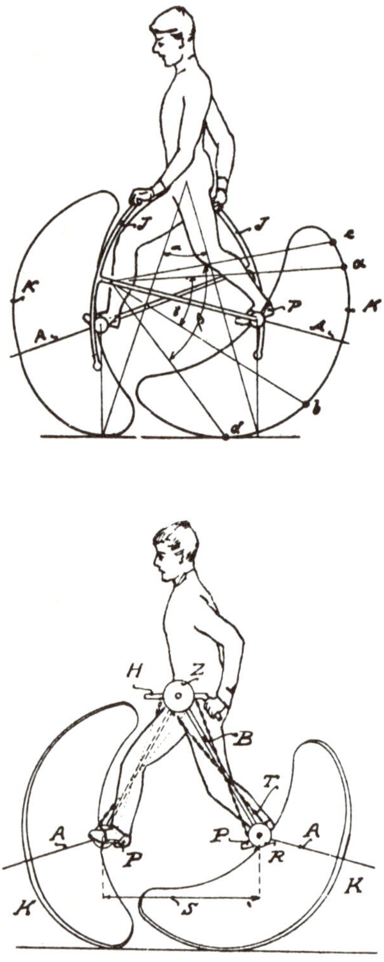

Bild 2: Kurvenschuh von Robert Michael (1903), Vorrichtung zur Vergrößerung der Schrittlänge (DRP 152 505).

Bild 3: Wellenbad-Schaukel von Carl Dittmann (1889), Vorrichtung zur Steigerung der Badefreude.

schließen, bedacht und akzeptiert, so wäre ihnen ein langer Irrweg erspart geblieben. Die in *Bild 4* gezeichnete Maschine von *Alessandro Capra* soll ein Rad darstellen, das – einmal in Bewegung gesetzt – ohne Energiezufuhr ständig läuft. Die Unmöglichkeit dieses *perpetuum mobile 1. Art* ist durch den Energieerhaltungssatz der Physik angezeigt. Die Perpetuum-Mobilisten haben der Wissenschaft dennoch einen beachtlichen Dienst erwiesen: Durch ihre unermüdlichen Anstrengungen haben sie belegt, daß die Naturgesetze durch keine menschliche Phantasie zu überlisten sind.

Beachtet man einmal das Ergebnis und den Wert der verschiedenen Erfindungen, so ist die folgende Aufteilung zu unterscheiden:

1) Es gibt zahlreiche Erfindungen, die unser Leben erleichtern und das menschliche Dasein verbessert haben.
2) Es gibt Erfindungen, die nie eine Bedeutung erlangt haben und die heute zu den Kuriositäten gehören [10].
3) Es gibt erfinderische Zielsetzungen, die das Unmögliche möglich machen wollten. Die Ideen der Perpetuum-Mobilisten

waren Gedankengebilde, die sich nicht in die Wirklichkeit umsetzen ließen; es waren bedauerliche Irrwege.

4) Es gibt Erfindungen, die man am besten gar nicht erfunden hätte, denn sie haben der Menschheit nur Not, Elend, Schmerz und Tod bereitet. Dazu gehören alle Kriegsgeräte sowie Folterinstrumente und -methoden.

Die Erfindungsgabe der Menschen beschränkt sich nun nicht etwa auf technische Probleme, sondern hat alle Bereiche des Lebens und der Gesellschaft erfaßt. So haben die Menschen sich alle möglichen Philosophien, Ideologien und politischen Systeme erdacht. Vor keinem Problem machte die Erfindergabe der Menschen Halt.

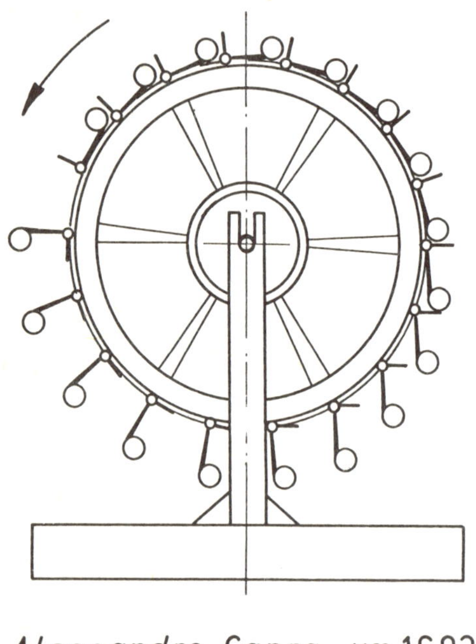

Bild 4: Idee für ein perpetuum mobile nach Alessandro Capra (um 1683).

3. Die Religionen der Menschen: 1000 verschiedene Wege

Ein großes Problem der Menschheit ist die Schuld vor Gott und vor Menschen. Seit dem Sündenfall lebt der Mensch getrennt von Gott, und das Gewissen weist ihn deutlich auf diesen Zustand hin: »Denn sie beweisen, des Gesetzes Werk sei geschrieben in ihrem Herzen, da ja ihr Gewissen es ihnen bezeugt, dazu auch die Gedanken, die sich untereinander verklagen oder auch entschuldigen« (Röm 2,15). Auch die fundamentale Erkenntnis von der Existenz Gottes steht jedem Menschen zur Verfügung – unabhängig davon, in welchem Kulturkreis er aufgewachsen ist, und auch unabhängig davon, ob die Botschaft der Bibel dorthin gelangt ist oder nicht. Jemand fragte einmal einen Beduinen, woher er weiß, daß es einen Gott gibt. Er antwortete darauf so: »Woher weiß ich, ob nachts ein Mann oder ein Kamel an meinem Zelt vorübergegangen ist? Ich sehe es an den Spuren im Sand. Wer kann sich in der Welt umsehen, ohne die Fußspuren Gottes zu bemerken?« Von dieser wortlosen und für jedermann zugänglichen Art der Erkenntnis Gottes durch Schlußfolgerung aus der sichtbaren Schöpfung spricht bereits das Alte Testament: »Die Weltallsweiten erzählen die Herrlichkeit Gottes . . . ohne Worte und ohne Sprache« (Ps 19,2–4). In diesem Punkt hat niemand eine Entschuldigung, denn »sie wußten, daß ein Gott ist . . .« (Röm 1,21). Alle Naturvölker treten mit ihrem wie auch immer gearteten Gottesglauben den Beweis an. Auch die heidnischen Philosophen bestätigen uns die Wahrheit der obigen Aussage:

Aristoteles (384–322 v. Chr.): »Gott, der für jedes sterbliche Wesen unsichtbar ist, wird sichtbar in seinen Werken.«

Plato (427–347 v. Chr.): »Die Welt mußte einen Ursprung haben. Dieser Ursprung ist der ewige Schöpfer.«

Cicero (106–43 v. Chr.): »Der Himmel und seine Gestirne zeigen es am klarsten, daß sie von einer Gottheit gelenkt werden, deren Weisheit jeden Menschengeist überragt.«

Die Sünde zeigt jedem Menschen den Bruch zwischen Gott und den Menschen an. Die Menschen aller Zeiten haben dieses

Problem erkannt, und so machte sich von jeher der menschliche Erfindergeist daran,

- um mit Gott in Ordnung zu kommen und
- um das Gewissen zu beruhigen.

Die Gottesvorstellungen sind je nach Religion sehr unterschiedlich:

Polytheismus (griech., *Vielgötterei*): Mehrere oder viele Götter werden verehrt.

Monotheismus (griech., *Eingottlehre*): Hier liegt die Vorstellung von nur einem Gott als höchstem Wesen zugrunde. Die Evolutionisten sehen den Monotheismus als die Spitze einer religiösen Entwicklung an.

Pantheismus (griech., *Allgottlehre*): Gott wird im All und in der Natur gesehen, d.h., Gott und die Welt sind danach eins. *Schopenhauer* nannte den Pantheismus die vornehme Form des Atheismus.

Theismus (griech., *Gottglaube):* Danach gibt es einen einzigen, persönlichen, außer- und überweltlichen Gott, der alles erhält und regiert, aber kein bestimmtes Verhalten vom Menschen fordert.

Deismus (lat., *Gottlehre*): Diese seit der Aufklärung in England entstandene Lehre geht zwar von einem Gott als Urgrund der Welt aus. Er hat das Räderwerk der Welt in Gang gebracht, nun aber hat er nichts mehr mit ihr zu tun. Bekannte Vertreter waren *Voltaire, Rousseau* und *Lessing.*

Nach den Vorstellungen der *Primitiven Religionen* leben in der Natur Wesen und Mächte, die der Mensch durch Opfer und rituelle Bräuche günstig stimmen oder durch Zaubersprüche fernhalten kann. Solche Vorstellungen nennt man:

Animismus (lat., *Seelenglaube*): Die gesamte Natur wird als beseelt angesehen. Der Animismus äußert sich in Vorstellungen von unzähligen Gespenstern, Ahnengeistern und Geistern in Naturgegenständen. Er tritt aber auch in monotheistischen Religionen auf.

Fetischismus (port., *Zaubermittel*): Leblose Gegenstände werden verehrt und angebetet, weil sie geheimnisvolle Kräfte besitzen sollen. Auch der Glaube des modernen Menschen an Amulett und Talisman ist hier einzuordnen.

Totemismus (indian.): Dieses ist der Glaube an die Abstammungsverwandtschaft zwischen einer Menschengruppe (oder einem einzelnen) und einem Naturgegenstand. Danach stammt man von einem Tier, einer Pflanze, einem Gestirn oder einem Gerät ab und ist mit diesem verwandt. Das *Totem* ist das Ding selbst, das als mächtiger Beschützer des Stammes und als Symbol seiner inneren Verbundenheit verehrt wird.

Die *Primitiven Religionen* haben keinen Stifter, kein grundlegendes Buch und daher auch keine fixierte Lehre. Das religiöse Leben kreist um den Medizinmann, Zauberer, Schaman oder Priester.

Alle diese Gottesvorstellungen und Verehrungspraktiken beruhen auf menschlichen Erfindungen und können unter der Rubrik *»Religion«* zusammengefaßt werden. Auf keinen Fall dürfen wir Religion mit dem Evangelium verwechseln. Wir wollen zunächst die Frage stellen: »Woher kommt Religion?«

Es ist keine Kultur oder Zivilisation bekannt, in der es nicht irgendeine Form von Religion gibt. Für ihre Entstehung können wir zwei Fälle unterscheiden:

A. Kollektive Entstehung: Nach der Sintflut vermehrte sich die Menschheit von der *Noah*-Familie ausgehend und breitete sich auf der ganzen Erde aus (vgl. Völkertafel nach 1 Mose 10). Durch Verwilderung und kollektive Umbildung der ursprünglichen Gottesbeziehung sowie durch eigenes Hinzutun und Erfinden prägten die durch Isolation entstandenen Völker jeweils ihre eigene Religion. Das Alte Testament gibt einen beredten Eindruck von den zahlreichen heidnischen Religionen und ihren Wesenszügen. Die Kanaaniter hatten eine so abscheuliche Religion entwickelt, daß sie ihre eigenen Kinder verbrannten, um durch solche Opfer ihren Göttern zu dienen (5 Mose 12,31).

B. Entstehung durch Religionsstifter: Andere Religionen haben ihren Ursprung in einem einzelnen Gründer wie z.B. im Islam und im Buddhismus. Aber auch die christlichen Sekten mit ihrem weiten Spektrum an Verirrungen und schaurigen Entstellungen der biblischen Wahrheit gehen in der Regel auf einen einzelnen Stifter zurück.

Zu allen Zeiten und in allen Gegenden dieser Erde haben also Menschen ihre Vorstellungskraft und ihre Erfindergabe zur Entwicklung einer Religion eingesetzt. Das Ergebnis ist, daß es nicht nur eine, sondern eine Fülle von Religionen gibt. Die in der Kapitelüberschrift genannte Zahl von 1000 dürfte ein realistischer Schätzwert sein. Bei diesem Tatbestand stellt sich die Frage: Ist bei aller Unterschiedlichkeit wenigstens eine richtige dabei, oder sind sie alle falsch? Wir wollen nun die wesentlichen Kennzeichen einer Religion betrachten. Der bekannte Evangelist *Wilhelm Pahls* nennt drei markante Merkmale, die eine Religion charakterisieren [14]:

Bei Religion haben wir es zu tun:

- mit Menschen;
- mit menschlichen Vorschriften;
- mit Gegenständen.

Diese Charakteristika wollen wir uns im einzelnen ansehen:

1. **Mit Menschen:** Die Gründer der Religion sowie ihre prominenten Vertreter genießen eine große Anerkennung und Autorität. Sie werden auf mannigfache Weise verehrt: durch Bilder, Statuen und Verbreitung ihrer Schriften durch deren Anhänger. Das trifft für *Mohammed* und *Buddha* ebenso zu wie z.B. für *Joseph Smith,* den Begründer der Mormonen. In den Stammesreligionen wird diese kennzeichnende Rolle von den Medizinmännern und Priestern wahrgenommen.

2. **Mit menschlichen Vorschriften:** Die von Menschen erfundenen Regeln sind unermeßlich und vielschichtig, um auf diese Weise Gott zu gefallen. So muß in manchen animistischen Religionen ein Kind geopfert werden, um den Zorn der Götter abzuwenden. Die Pharisäer haben so viele eigene Vorschriften erfunden, daß der Mensch geknechtet und gefesselt, aber nicht befreit und geschützt wird, wie es die schlichten Gebote Gottes vom Sinai beabsichtigen. Andere haben unmenschliche Bußübungen erlassen, die den Menschen versklaven und ihn entwür-

Bild 5: Das größte Holzbauwerk der Welt:
der buddhistische Todaiji-Tempel in Nara (Japan).

digen. Es gibt sogar Praktiken, wonach dem Menschen zur Strafe aufgetragen wird, eine gewisse Anzahl *Vaterunser* zu beten. Solche Vorschriften können wir nur ablehnen, denn die Bibel kennzeichnet das Gebet zu Gott, dem Vater, als Anbetung, Lobpreis, Bitte, Fürbitte oder Dank.

3. Mit Gegenständen: Im Namen der Religion haben die Menschen so große Gegenstände errichtet, daß sie heute noch zu den Superlativen der Welt gehören. In Kyoto und Nara (Japan) bekommt man einen Eindruck von den riesigen menschlichen Anstrengungen. In Nara (710–784 Hauptstadt Japans) steht der *Todaiji-Tempel,* ein buddhistischer Tempel aus den Jahren 745–752, der mit 58 m Länge, 51 m Breite und 49 m Höhe das *größte Holzbauwerk der Welt* darstellt *(Bild 5).* In diesem Gebäude befindet sich die *größte Bronzestatue der Welt* (16,2 m hoch,

Bild 6: Die größte Bronzestatue der Welt:
die Buddhafigur im Todaiji-Tempel in Nara (Japan).

gegossen aus 437 t Bronze, 130 kg Gold und 75 kg Quecksilber). Es ist somit die größte Buddhafigur, die je gegossen wurde (*Bild 6*). Der *Horyuji-Tempel* in Nara ist der älteste Tempel Ostasiens, und seine Gebäude sind die *ältesten erhaltenen Holzbauwerke der Welt.* Im *Sanjusangendo-Tempel* in Kyoto befindet sich die *»Tausendhändige Kannon«,* die zusammen mit 1000 anderen buddhistischen Statuen *(Bild 7)* verehrt wird.

In Japan gibt es 220000 religiöse Einrichtungen (Schinto-Schreine, Buddhistentempel), und etwa zwei Millionen Leute sind ausschließlich mit religiösen Handlungen beschäftigt. Der religiöse Kult spielt in Japan eine große Rolle und hat den Großteil der Bevölkerung erfaßt. Vor den vielen Kultstätten sieht man, wie die Menschen Räucherstäbchen oder Kerzen anzünden und sich vor den Statuen und sonstigen Gegenständen verneigen.

Auch in unserem sog. christlichen Abendland spielen Gegenstände in der Religion eine große Rolle. So wird das Gewissen beruhigt, indem man sich einen (angeblichen) Kreuzessplitter

Bild 7: Teilansicht des Sanjusangendo-Tempels in Kyoto (Japan) mit den 1000 Buddhafiguren.

verschafft oder an den Ort fährt, wo die Gebeine besonderer Toten aufbewahrt werden. (Nähme man alle Kreuzessplitter zusammen, so ergäbe das die Holzmenge eines Waldes.)

Alle Religionen haben zwar das Kernproblem – die Entzweiung des Menschen mit Gott – erkannt und suchen eine menschliche Antwort. Diese Antwort heißt: Religion! Es ist der Weg, der vom Menschen ausgeht. Religion ist niemals von Gott. Die Bibel nennt jegliche Religion Götzendienst. Wenn Religion sich fest in einem Volk verankert hat, so spricht man von Tradition. *Heinrich Kemner,* der bekannte Pfarrer, Evangelist und Gründer des *Geistlichen Rüstzentrums Krelingen,* sagt: »Religion und Tradition haben zwar bewahrende Kraft, aber keine rettende Kraft.« Die bewahrende Wirkung von Religion und Tradition drückt sich in Japan z. B. darin aus, daß dieses Land die geringste Kriminalstatistik der Welt aufweist. Die religiöse Tradition ist in den verschiedenen Ländern sehr unterschiedlich:

- Die Japaner haben eine buddhistische und schintoistische Tradition;
- die Inder haben eine hinduistische Tradition;
- die Moslems haben eine islamische Tradition;
- die Animisten haben die Tradition ihrer Stammesreligion;
- und im sog. christlichen Abendland haben wir eine christliche Tradition.

Die Frage der Rettung ist jedoch nicht eine Frage der Religion, wie im folgenden noch eingehend dargelegt wird.

Es gibt also auch eine christliche Religion, und diese vermag offenbar das Gewissen besonders gut zu betäuben. Wenn Geschäftsinhaber Weihnachtslieder durch die Lautsprecher ertönen lassen, um damit die Umsätze zu erhöhen, so hat das nichts mit Evangelium zu tun. Das Singen von »O Tannenbaum« unter dem Weihnachtsbaum verschafft zwar eine religiöse Atmosphäre, hat aber ebenso nichts mit dem Evangelium zu tun. Wenn jemand im Karneval seinen fleischlichen Lüsten nachgeht und sich dann am Aschermittwoch ein Aschenkreuz holt, hat er damit zwar das anklagende Gewissen mit Religion (sogar mit christlicher!) betäubt. Vor Gott aber bleibt das eine verlogene Handlung mit frommem Anstrich ohne durchgreifende Veränderung des Herzens.

4. Der Weg von Gott zum Menschen: Das eine Evangelium

Wir dürfen das Evangelium von JESUS CHRISTUS auf **keinen** Fall mit Religion verwechseln, und schon gar nicht mit christlicher Religion. Das wäre ein fataler Irrtum. Evangelium ist die geschenkte Lösung von Gott her, Religion ist die erfundene Lösung vom Menschen her. Letztere ist damit eine Scheinlösung. Der menschliche Weg führt in die Irre, der göttliche Weg ins Vaterhaus. Gott liebt uns und will uns nach Seinem Plan retten. »Als aber die Zeit erfüllet ward, sandte Gott seinen Sohn« (Gal 4,4). Um die Tragweite und Einzigartigkeit des Evangeliums verstehen zu können, müssen wir zunächst auf die von Gott gestellte Diagnose für den Menschen hören.

4.1 Die Diagnose Gottes: Eine göttliche Bestandsaufnahme des Menschen

Wir mögen vielleicht eine gute Meinung von uns selber haben, und manch ein Dichter unterstützt uns noch darin. So sagte *Goethe:* »Edel sei der Mensch, hilfreich und gut.« Das Weltbild des Humanismus, das von *Lessing, Kant, Hegel* u.a. entfaltet wurde, geht von der Grundannahme aus, daß der Mensch in seinem Kern und Wesen gut sei. Der französische Philosoph *Jean-Jacques Rousseau* (1712–1778) beeinflußte mit seinem Denken nicht nur die Philosophie, sondern sein Menschenbild bildet bis heute die Grundlage in Psychologie, Pädagogik und Gesellschaft. Von ihm stammt der Satz: »Der Mensch ist von Natur aus gut, und daraus folgt, daß er so bleibt, solange ihn nichts, das ihm fremd ist, verdirbt.« Diese Vorstellung vom Menschen finden wir bis hin zur marxistischen Philosophie wieder. Hier wird vorausgesetzt, daß der Mensch sich eine perfekte Gesellschaft mit selbstloser Gerechtigkeit schaffen wird, wenn man ihn nur mit den richtigen, d.h. kommunistischen Lebensbedingungen umgibt.

Bei der praktischen Erfahrung mit den verschiedenen Systemen haben sich ihre Menschenbilder als falsch erwiesen.

Der Konstrukteur einer komplizierten Maschine kann am ehesten den Defekt des Apparates beurteilen, analysieren und dann auch beheben. Der Mensch ist mehr als eine Maschine und sein Urheber mehr als ein Maschinenbauingenieur. Wieviel mehr gilt hier, daß nur der Schöpfer selbst die richtige Diagnose stellen kann. Im Sündenfall trennte sich der Mensch von Gott und geht seitdem seine eigenen Wege. Die Diagnose Gottes über den Menschen ist an zahlreichen Stellen der Bibel beschrieben. Es ist gut, wenn wir uns von verschiedenen Texten her unseren Zustand beleuchten lassen:

1. Mose 8, 21:	»Das Dichten des menschlichen Herzens ist **böse von Jugend auf**.«
1. Könige 8, 46:	»Denn es ist **kein Mensch, der nicht sündigt**.«
Esra 9, 15:	»Siehe, wir sind vor dir in unserer Schuld; denn um deswillen ist nicht zu bestehen vor dir.«
Hiob 14, 4:	»Kann wohl ein Reiner kommen von den Unreinen? **Auch nicht einer**.«
Hiob 15, 15–16:	»Siehe, unter seinen Heiligen ist **keiner ohne Tadel** . . . wieviel weniger ein Mensch, der ein Greuel und schnöde ist, der Unrecht säuft wie Wasser.«
Psalm 14, 3:	»Aber sie sind **alle abgewichen** und **allesamt untüchtig**; da ist keiner, der Gutes tue, auch nicht einer.«
Psalm 53, 4:	»Aber sie sind alle abgefallen und allesamt untüchtig; da ist keiner, der Gutes tue, auch nicht einer.«
Psalm 143, 2:	»Vor dir ist **kein Lebendiger gerecht**.«
Prediger 7, 20:	»Denn es ist **kein Mensch** so gerecht auf Erden, daß er Gutes tue und nicht sündige.«
Jesaja 1, 5–6:	»Das **ganze Haupt ist krank**, das ganze Herz ist matt. Von der Fußsohle bis aufs Haupt ist nichts Gesundes an ihm.«
Jesaja 64, 5:	»Aber wir sind **allesamt** wie die Unreinen,

	und alle unsere Gerechtigkeit ist wie ein **unflätig Kleid.**«
Nahum 1, 3:	»Vor dem Herrn ist **niemand unschuldig.**«
Matthäus 15, 19:	»Denn aus dem Herzen kommen arge Gedanken, Mord, Ehebruch, Unzucht, Dieberei, falsch Zeugnis, Lästerung.«
Römer 3, 23:	»Denn es ist hier kein Unterschied: sie sind **allzumal Sünder** und mangeln des Ruhmes, den sie bei Gott haben sollten.«

Das Menschenbild der Bibel, das Gott uns zeigt, weist die humanistischen, marxistischen oder sonstwie gearteten Deutungen als falsch zurück und zeigt uns den Menschen als ein zum Bilde Gottes geschaffenes Wesen mit einer hohen Würde, mit freiem Willen und mit großer Verantwortung. Der Mensch befindet sich Gott gegenüber in einem gefallenen Zustand und ist von seiner Existenz her dazu geneigt, vor Gott Unrechtes zu tun.

4.2 Die Folge der Sünde: Der dreifache Tod

Gott ist heilig. Er ist der absolut Reine. Er ist Licht, und darum lautet der generelle Urteilsspruch Gottes über den sündigen Menschen: TOD. Zu den ersten Menschen hatte Gott gesagt: »Welches Tages du davon issest, wirst du des Todes sterben« (1 Mose 2, 17). Der Mensch wurde ungehorsam und kam dadurch in die Todeslinie hinein: »Der Sünde Sold ist der Tod« (Röm 6, 23). Diese Todeslinie ist im unteren Teil des *Bildes 8* dargestellt und markiert einen *dreifachen Tod.* Von diesem dreifachen Tod ist die gesamte Menschheit erfaßt und betroffen.

1) **Der geistliche Tod:** Als augenblickliche Folge des Sündenfalls fiel der Mensch in den *geistlichen Tod.* Dieser Tod bedeutet das Aufhören der Gemeinschaft mit Gott und ist, verursacht durch *einen* Menschen im Sündenfall, bis zu uns hingelangt: »Derhalben, wie durch einen Menschen die Sünde ist in die Welt gekommen und der Tod durch die Sünde, so ist der Tod zu allen Menschen durchgedrungen, weil sie alle gesündigt haben« (Röm

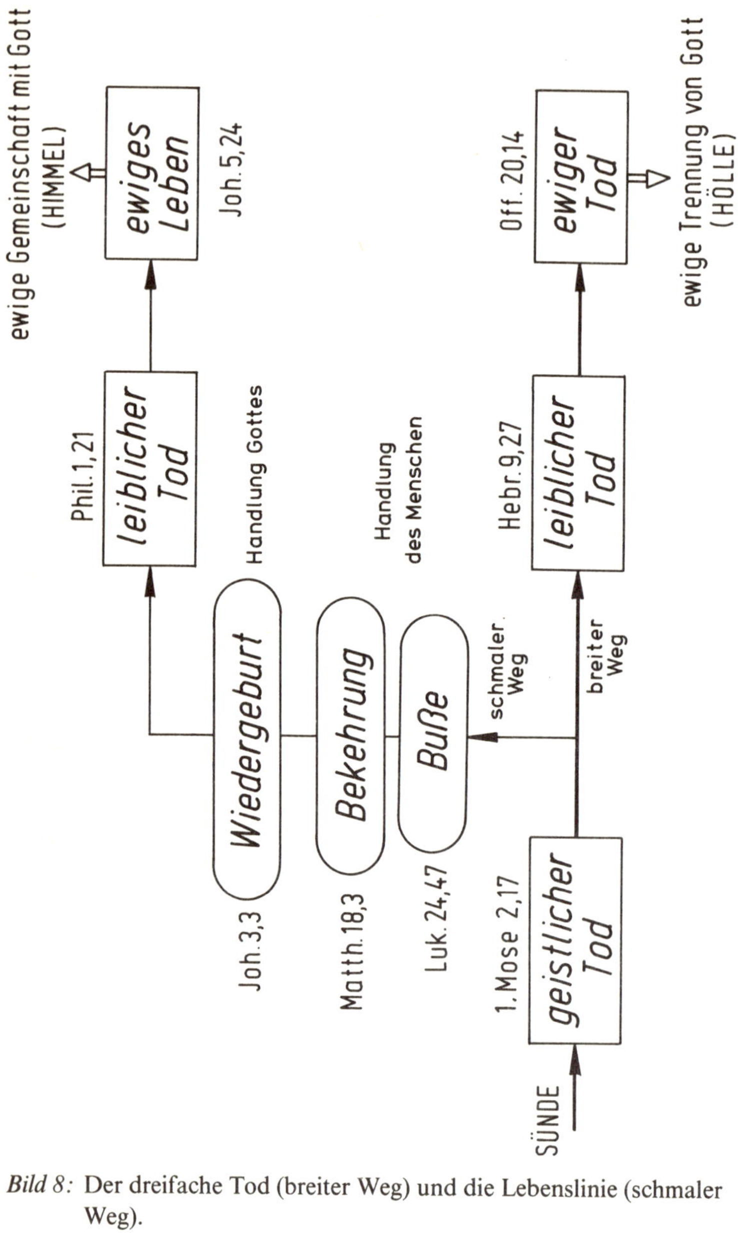

Bild 8: Der dreifache Tod (breiter Weg) und die Lebenslinie (schmaler Weg).

5, 12). Von diesem Tod spricht JESUS in Matthäus 8, 22, wenn er sagt: »Laß die (geistlich) Toten ihre (leiblich) Toten begraben!« *Paulus* schreibt: »Auch ihr waret tot in euren Übertretungen und Sünden« (Eph 2, 1), und meint damit diesen geistlichen Tod, in dem sich *jedermann* von Natur aus befindet.

2) **Der leibliche Tod:** Das obige Wort aus Römer 5, 12 kennzeichnet als Folge des geistlichen Todes den *leiblichen Tod*. Der leibliche Tod tritt ein mit Beendigung der biologischen Funktionen des Körpers. Im Rahmen der Evolutionstheorien wird dieser Tod als notwendige Voraussetzung der Höherentwicklung angesehen. In diesem Sinne äußert sich *W. Tanner* [19]: »Die Erfindung des Todes hat den Gang der Evolution wesentlich beschleunigt. Es mag eine wenig tröstliche Einsicht sein, daß es ohne den Tod uns Menschen wahrscheinlich noch gar nicht gäbe.« Welch erschütternder Irrtum liegt angesichts des biblischen Zeugnisses in dieser Aussage!

3) **Der ewige Tod:** Die materialistische Auffassung, daß nach dem leiblichen Tod alles aus ist, wird im Lichte der biblischen Aussagen als fatale Lüge entlarvt. Das dritte Glied in der Todeskette ist der *ewige Tod*. Der Hebräerbrief beschreibt den Übergang vom leiblichen Tod in das Gericht (9, 27): »Und wie den Menschen gesetzt ist, einmal zu sterben, danach aber das Gericht.« Wenn der nichterlöste Mensch das erlebt, muß er erfahren: »Schrecklich ist's, in die Hände des lebendigen Gottes zu fallen« (Hebr 10, 31). Der Zorn Gottes bleibt über ihm, weil »durch **eines** Sünde die Verdammnis über **alle** Menschen gekommen ist« (Röm 5, 18). Die Bibel beschreibt diesen Zustand in verlorener Existenz in vielen Worten: zweiter Tod, feuriger Pfuhl (Offb 20, 14); ewiges Feuer (Mt 25, 41); ewiges Verderben (2 Thess 1, 9); es ist ein Ort der Qual (Lk 16, 28) und ein Ort, wo ihr Wurm nicht stirbt und ihr Feuer nicht verlöscht (Mk 9, 44); es ist der Ort der Hölle (Mt 11, 23).

Es stellt sich die Frage, ob es einen Ausweg aus dieser Todeslinie gibt. Die Menschen haben viel darüber nachgedacht und durch Einsatz ihrer bereits ausführlich beschriebenen Erfindergabe die Religionen in ihren tausenderlei Erscheinungsformen erfunden. Die Bibel nennt die Kulthandlungen und Anbetung von Gegenständen in sämtlichen Religionen *Götzendienst, Abgötterei* und *Zauberei.* Beim Götzendienst treten an die Stelle des unsichtbaren, lebendigen Gottes sichtbare Darstellungen in Menschen- oder Tiergestalt oder die Gestirne (5 Mose 4,16–19). Gott will seinen Ruhm keinem Götzen geben (Jes 42,8), darum wird jeglicher Götzendienst verurteilt. Im Neuen Testament ist die Ehe ein Bild für das Geheimnis der innigen Gemeinschaft zwischen JESUS und der Gemeinde (Eph 5, 23–25). Die Umkehrung und Verdrehung der Ehebeziehung ist Ehebruch, Unzucht und Hurerei. Ebenso wird der Götzendienst als eine Perversität des Verhaltens gegenüber dem Herrn als Ehebruch (z.B. Jer 13,27), Unzucht (Hes 23, 27) und Hurerei (Hos 5,4; Offb 17,5) bezeichnet. Führen nun die vielen religiösen Wege mit ihren Götzendiensten in den Himmel? Im Neuen Testament wird die Sünde des Götzendienstes unter denen genannt, die vom Reich Gottes ausschließen:

1. Korinther 6, 9–10: »Wisset ihr nicht, daß die Ungerechten werden das Reich Gottes **nicht** ererben? Lasset euch nicht irreführen! Weder die Unzüchtigen noch die Götzendiener noch die Ehebrecher . . . werden das Reich Gottes ererben.«

Galater 5, 19–21: »Offenbar sind die Werke des Fleisches . . . Götzendienst, Zauberei . . . , die solches tun, werden das Reich Gottes **nicht** erben.«

Offenbarung 21, 8: »Der feigen Verleugner aber . . . und Zauberer und Götzendiener . . . , deren Teil wird sein in dem Pfuhl, der mit Feuer und Schwefel brennt; das ist der zweite Tod.«

Offenbarung 22, 15: »*Draußen* sind . . . die Zauberer . . . und die *Götzendiener.«*

Offenbarung 21, 27: »Und wird **nicht** hineingehen irgendein Unreines . . . , sondern allein, die geschrieben sind in dem Lebensbuch des Lammes.«

4.3 Die Willenserklärung Gottes: Das Angebot der Liebe

Aus dem Betrachten der *Schöpfung* heraus können wir folgern, *daß ein Gott ist.* Bei näherem Hinsehen können wir aus der Zweckmäßigkeit und dem realisierten Ideenreichtum in den Schöpfungswerken auch schließen, daß dieser Gott von großer Weisheit und Kraft sein muß. Weitere Wesenszüge Gottes können wir der Natur nicht entnehmen. Hier sind wir einzig darauf angewiesen, ob dieser Gott uns in anderer Weise informiert hat. In der Tat liegt diese Information von Gott vor: Es ist das offenbarte Wort Gottes in Form der Bibel. Es ist die **einzige** schriftliche Information, die uns Gott gegeben hat, und nur diese ist von ihm autorisiert (2 Petr 1,20–21; 2 Tim 3,16). In *Bild 9* ist veranschaulicht, wie die große Kluft zwischen dem heiligen Gott und dem sündigen Menschen durch ihn selbst überbrückt wurde. Die Information von Gott beantwortet alle wichtigen Fragen über Gott und über uns. Hier – und nur hier – erfahren wir in Wahrheit, **woher** wir kommen, **wozu** wir leben und **wohin** wir gehen. Die göttliche Information gipfelt im Evangelium von JESUS CHRISTUS. Demgegenüber stehen die menschlichen Informationen in Form der Religionen. Alle Religionen haben nicht die Reichweite, um die Kluft zu dem heiligen Gott zu überbrücken. Das Entgegengerichtete von Religion und Evangelium drückt sich in *Bild 9* auch durch die unterschiedliche Richtung der Informationspfeile aus. Gott hat uns mitgeteilt, daß er ein Gott der Gerechtigkeit ist, der die Sünde haßt und als unabweisbares Urteil auf Sünde den ewigen Tod gesetzmäßig verhängt hat. Er ist aber auch ein Gott der *Liebe* (1 Joh 4,16), der *Güte* (Klgl 3,22) und der *Barmherzigkeit* (Eph 2, 4), so daß er nicht will, daß der Mensch ewig verlorengeht. So teilt uns Gott seine Absicht mit:

Hosea 13, 14: »Aber **ich will** sie erlösen aus der Hölle und vom Tod erretten. Tod, **ich will** dir ein Gift sein; Hölle, **ich will** dir eine Pestilenz sein.«

Hesekiel 18, 23: »Meinst du, daß ich Gefallen habe am Tode des Gottlosen, spricht der Herr, und nicht vielmehr, daß er sich bekehre von seinem Wesen und lebe?«

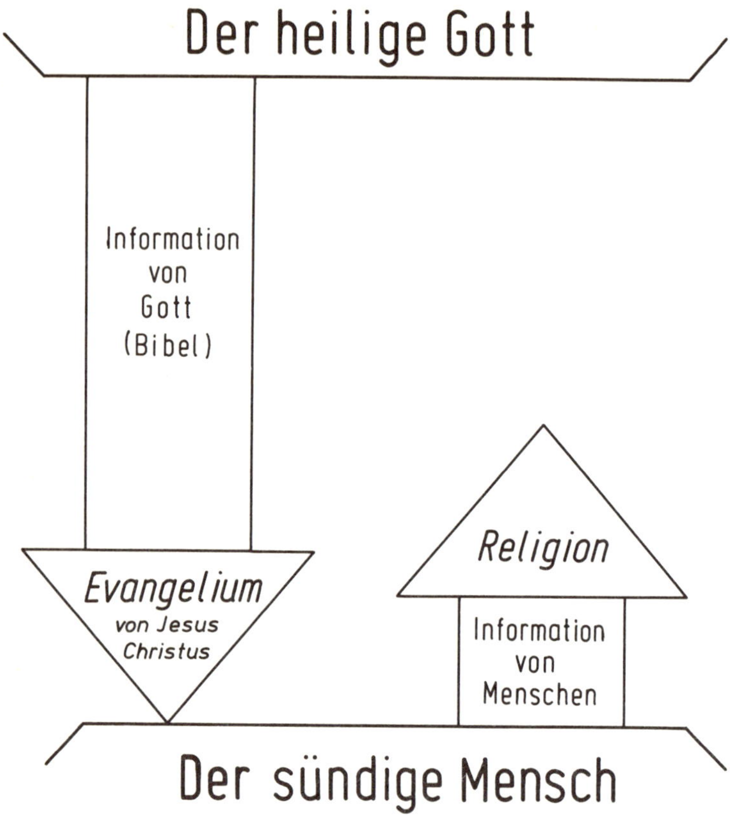

Bild 9: Der große Unterschied zwischen Religion und Evangelium: Informationsquellen von Evangelium und Religion sowie ihre Wirkungsweite.

Dies sind klare und eindeutige Absichtserklärungen Gottes. Da durch kein menschliches Mittel Hölle, Tod und Teufel zu besiegen sind, tat Gott es selbst in seiner unbeschreiblichen und aufopfernden Liebe: Das Gericht über unsere Sünde wurde vollstreckt am Kreuz von Golgatha. JESUS CHRISTUS, der Sohn Gottes, trat hier selbst in den Riß zwischen Gott und Mensch. Kein anderer konnte es tun, denn nur er war sündlos, und nur dieses Opfer entspricht der Gerechtigkeit Gottes. Der Sündenpreis konnte nicht beglichen werden durch Barren von Gold,

Schätze von Silber und Diamanten oder durch menschliche Taten, sondern der nötige Preis war unermeßlich: *das Blut JESU CHRISTI!* Wenn es ohne das Geschehen von Golgatha auch möglich gewesen wäre, uns zu erretten, dann hätte Gott es gewiß getan. Er hätte seinen geliebten Sohn (Mt 3, 17) nicht geopfert, wenn es eine billigere Lösung auch getan hätte. Hieran mögen wir erkennen, daß es keine Religion gibt, die an die Stelle jener Tat gesetzt werden kann, die Gott gewirkt hat. Durch Tod und Auferstehung JESU hat Gott alles getan, was zu unserem Heil notwendig ist. Der Sieg **ist** durch JESUS **errungen:** »Der Tod **ist** verschlungen in den Sieg. Tod, wo ist dein Stachel? Hölle, wo ist dein Sieg?« (1 Kor 15, 55).

Unter welchen Umständen schätzen wir die Liebe Gottes größer ein, wenn durch die Hingabe seines Sohnes

- sich alle Menschen retten lassen würden oder
- nur ein einziger Mensch das Heil annehmen würde?

Zweifellos muß die Liebe im zweiten Falle noch größer sein, und Gott wußte natürlich im voraus, wieviel Menschen sich entscheiden würden (Eph 1, 4). Wir stimmen *Bezzel* zu, der einmal sagte, daß Gottes Liebe so unermeßlich ist, daß er das Opfer seines Sohnes auch dann gegeben hätte, wenn – nach Gottes Vorauswissen – sich nur *ein einziger* Mensch bekehren würde. Die Bibel weist darauf hin, daß die Gesamtzahl sehr groß ist (Offb 7, 9), dennoch ist es nur ein kleiner Anteil der Menschheit (Mt 7, 13). Etwas anderes können wir aus dem Zeugnis der Schrift nicht herauslesen. Die Bibel spricht das sehr unbefangen aus. Viele Verkündiger ziehen sich hingegen bezüglich dieser Frage in nebelhafte Äußerungen zurück, um nicht etwa »Gottes Liebe« einzugrenzen. Wir empfinden die Liebe Gottes größer, wenn Gott das Rettungsprogramm dennoch durchführte, obwohl er wußte, es wird nur ein bescheidener Prozentsatz sein, der das Evangelium annimmt. Der Allversöhnungslogik, daß sich dann der Aufwand des Kreuzestodes JESU nicht gelohnt habe, können wir nicht folgen.

Liebesabsicht, Liebestat und die unbedingte Koppelung unseres ewigen Verbleibs an die persönliche Entscheidung zu JESUS

CHRISTUS sind zusammengefaßt in Johannes 3,16. Darum nannte *C. H. Spurgeon* diesen Vers auch den Polarstern der Bibel: »Also hat Gott die Welt geliebt, daß er seinen eingeborenen Sohn gab, auf daß alle, *die an ihn glauben,* nicht verloren werden, sondern *das ewige Leben haben.«* Damit gibt es neben der Todeslinie in *Bild 8* auch noch die Lebenslinie, die Gott selbst geschaffen hat. Es stellt sich die Frage, ob es mehrere Lebenslinien gibt, die dann alle irgendwie bei Gott einmünden, oder ob es nur einen Weg gibt. Um diese Frage von eigener menschlicher Spekulation und vom Wunschdenken loszulösen, haben wir auf die Information zu achten, die Gott gegeben hat.

4.4 Der Heilsweg zum Leben: Ein Weg ohne Nebenwege

Die Bibel bezeugt den durch JESUS CHRISTUS erwirkten Heilsweg zum Leben als einen einzigartigen, im Glauben beschreitbaren Weg und markiert damit alle menschlich ersonnenen Heilskonzepte als Irrwege zur Verlorenheit. Die Ausschließlichkeit des Heils in CHRISTUS hat immer wieder die Gemüter bewegt, so daß es zu folgenden Einwänden kommt:

- Die Menschen anderer Religionen meinen es doch auch ehrlich. In Aufrichtigkeit verrichten sie ihre Gebete und Opfer und vertrauen fest auf ihre Religion. Das muß Gott doch auch sehen. Wenn Gott ein Gott der Liebe ist, wird er das nicht auch anerkennen?
- Wir bemühen uns um Verständigung zwischen den Religionen und vertreten das, was schon *Friedrich der Große* (1712–1786) sagte: »Jeder soll nach seiner Fasson selig werden.« Das Evangelium aber ist höchst intolerant, wenn es alle anderen Wege verwirft und immer noch einen Ausschließlichkeitsanspruch aufrechterhält.

Diese und ähnliche Gedankengänge sind menschliche Vorstellungen, denen man ein *»good will«* nicht in Abrede stellen kann. Hier aber ist *nicht Wohlwollen,* sondern *Sachkenntnis* gefragt. Wir wollen die Situation verdeutlichen durch einen Patienten, der mit Bauchschmerzen zum Arzt geht. Der Arzt stellt die Diagnose auf Blinddarmentzündung und verordnet eine Operation als einzig mögliche Therapie zur Genesung. Was würden wir zu dem Vorschlag des Patienten sagen, der Arzt sollte doch auch andere Mittel anerkennen wie Kamillentee, Spalttabletten, drei Tage Erholungsurlaub oder eine eingehende Bauchmassage? Ist das nicht intolerant, die vom Patienten wohlgemeinten Ideen zu verwerfen? Der Patient wird ohne Operation unweigerlich sterben, auch wenn er den Kamillentee in noch so gutem Glauben trinkt. Hier verhilft nur die aus der Sachkenntnis des Arztes verordnete Therapie zum Leben.

So ist es auch bei Gott. Er ist der einzige Sachkenner in puncto Sünde. Als Herr und Arzt teilt er uns mit, daß es hier nur ein einziges Heilmittel gibt, nämlich das Evangelium von JESUS CHRISTUS. Die Einzigartigkeit und Ausschließlichkeit finden wir zahlreich belegt:

Jesaja 43,11: »Ich, ich bin der Herr, und ist außer mir kein Heiland.«

Apostelgeschichte 4,12: »In keinem anderen ist das Heil, ist auch **kein anderer Name** unter dem Himmel den Menschen gegeben, darin wir sollen selig werden.«

1. Johannes 5, 12: »Wer den Sohn *hat,* der *hat* das Leben; wer den Sohn Gottes *nicht hat,* der hat das *Leben nicht.«*

Johannes 14,6: »Ich bin der Weg, die Wahrheit und das Leben, **niemand** kommt zum Vater denn durch mich.«

1. Korinther 3, 11: »Einen anderen Grund kann **niemand** legen außer dem, der gelegt ist, welcher ist JESUS CHRISTUS.«

Wir würden uns vor Gott schuldig machen, wenn wir angesichts dieser präzisen und eindeutigen Aussagen auch andere Wege verkündigen würden. Gott sagt uns deutlich in seinem Wort, daß es **nur einen einzigen Weg** zum Leben gibt. Weil das ewige Leben auf dem Spiel steht, wäre es verbrecherische Torheit, sich nach der breiten Straße umzusehen. So wollen wir dankbar sein für das Angebot der *einen* geschenkten Möglichkeit und diesen Weg im Gehorsam und im Glauben beschreiten.

4.5 Der Weg zum Leben: Ein Befehl Gottes

Es ist der erklärte Wille Gottes, uns zum ewigen Leben zu verhelfen. Ewiges Leben oder ewiger Tod liegen nun in unserer Wahlentscheidung, aber Gott wünscht sich nichts so sehr, als daß wir das Leben ergreifen: »Ich habe euch Leben und Tod, Segen und Fluch vorgelegt, daß du das Leben erwählest« (5 Mose 30,19). Es geht um Himmel und Hölle. Der Ruf zum ewigen Leben ist ein »heiliger Ruf« (2 Tim 1,9) und ist ein verordneter Befehl: »Ergreife das ewige Leben, dazu du berufen bist« (1 Tim 6,12). Mit diesem Gebot hatte Gott seinen Sohn in die Welt gesandt: »Der Vater, der mich gesandt hat, der hat mir ein *Gebot* gegeben; was ich sagen und reden soll ... *sein Gebot* ist das *ewige Leben*« (Joh 12,49–50). Von diesem gebotenen Ruf schreibt *Heinrich Kemner* [8]: »Wenn Gott ruft, bewegt sich nicht die Membran des Verstandes, sondern des Herzens.« Der Anruf Gottes sollte uns ein unausweichlicher Gestellungsbefehl sein, denn hier stehen Ewigkeiten zur Debatte. Trifft der Mensch hier eine Fehlentscheidung, bucht er hier nicht, so gibt es drüben keine Kurskorrektur mehr. Was man in der Sekunde ausgeschlagen hat, bringt keine Ewigkeit zurück. Folgen nun alle Menschen diesem liebevollen Befehl Gottes? In Johannes 3, 19 wird uns eine traurige Situationsbeschreibung über die Willensentscheidung der meisten Menschen gegeben: »Sie liebten die Finsternis mehr als das Licht.« Um so dringlicher ergeht der Ruf Gottes: »Ringet danach, daß ihr durch die enge Pforte eingehet!« (Lk 13,24). Die meisten Menschen wandeln dennoch auf der Todeslinie (*Bild 8* unten), die zur Verdammnis führt, aber der Herr ruft in eindringlicher und ernster Ermahnung: »Gehet ein durch die enge Pforte. Denn die Pforte ist weit, und der Weg ist breit, der zur Verdammnis führt, und ihrer sind viele, die darauf wandeln. Und die Pforte ist eng, und der Weg ist schmal, der zum Leben führt, und wenige sind ihrer, die ihn finden« (Mt 7,13–14). Wir wollen nun die wichtige Frage behandeln, wie man durch die enge Pforte eingeht.

4.6 Der Weg zum Leben: Bezahlt auf Golgatha

Im Kreuze JESU CHRISTI hat Gott sich am tiefsten zu uns herabgeneigt. Hier hat Gott die Sünde gerichtet. Hier geschah die größte Rettungsaktion der Weltgeschichte. Hier entäußerte sich der Sohn Gottes und nahm Knechtsgestalt an. »Er erniedrigte sich selbst und ward gehorsam bis zum Tode, ja zum Tode am Kreuz« (Phil 2,8). *H. W. Beck* beschreibt die Situation treffend [1]: »Am Kreuz hat nicht irgendeiner gekonnt die Rolle des Gescheiterten gespielt – etwa als Vorbild für die vielen Märtyrer für Ideologien und Utopien! Nein: Der Mann am Kreuz war unverwechselbar Gott.«

Siebenhundert Jahre vor dem historischen Geschehen kündigt Gott durch den Propheten *Jesaja* alles an: »Er war der Allerverachtetste und Unwerteste, voller Schmerzen und Krankheit. Er war so verachtet, daß man das Angesicht vor ihm verbarg; darum haben wir ihn nicht geachtet. Fürwahr, er trug unsere Krankheit und lud auf sich unsere Schmerzen. Wir aber hielten ihn für den, der von Gott geschlagen und gemartert wäre. Aber er ist *um unserer Missetat* willen verwundet und um unserer Sünde willen zerschlagen. *Die Strafe liegt auf ihm,* auf daß wir Frieden hätten, und *durch seine Wunden sind wir geheilt.* Wir gingen alle in die Irre wie Schafe, ein jeglicher sah auf *seinen* Weg, aber der Herr warf *unser aller Sünde auf ihn«* (Jes 53,3–6).

Hier wird deutlich, wie tief der Riß ist, den die Sünde verursacht. Nur einer war in der Lage, in diesen Riß zu treten, und – Gott sei es ewig gepriesen – er tat es auch aus Liebe zu uns. Hier sehen wir, daß es keine billigere Möglichkeit gibt, Sünde loszuwerden. Gegen Sünde gibt es kein Mittel, das man erfinden kann, wie etwa gegen Haarausfall oder Kopfschmerzen. Gegen unsere Sünde gibt es nur **eine** Lösung: Gott warf alle Sünde auf JESUS und schuf damit die Möglichkeit, daß wir frei ausgehen können. »Denn er hat den, der von keiner Sünde wußte, für uns zur Sünde gemacht, auf daß wir würden in ihm die Gerechtigkeit, die vor Gott gilt« (2 Kor 5,21). Im Gegensatz zu dem Sohn Gottes kennen wir Sünde nicht nur, sondern wir tun sie auch. Aber JESUS wurde am Kreuz *zur Sünde gemacht,* d. h., er wurde mit unserer Sünde personifiziert und befrachtet und auch damit bestraft. Weil hier die einzige Sündentilgung stattfand, zählt vor Gott nur die im Kreuz JESU geschenkte Gerechtigkeit. Der Preis Gottes hierfür war unermeßlich hoch, er gab das Kostbarste: Seinen Sohn JESUS CHRISTUS. Hier standen nicht Gold und Silber als Kaufpreis zur Debatte, sondern die Erlösung wurde erwirkt »mit dem teuren Blut CHRISTI als eines unschuldigen und unbefleckten Lammes« (1 Petr 1,19). Wegen der Einmaligkeit und Einzigartigkeit des Erlösungswerkes entscheidet sich alles an der Person JESU. *H. Thielicke* faßte dies in die Formel: »Am JA zu JESUS CHRISTUS gewinnen wir die Ewigkeit. Im NEIN verscherzen wir sie. Zwei Worte umspannen unser ewiges Schicksal.« Es gibt **nur eine einzige Stelle** in dieser Welt, wo uns im Gericht der Bannstrahl Gottes nicht trifft. Und das ist unter dem Kreuz:

- Nirgendwo sonst gibt es Heil!
- Nirgendwo sonst ist Errettung möglich!
- Nirgendwo sonst können wir die Seligkeit erlangen!

Nur im Bewußtsein unserer Sünde kann uns die ganze Tragweite des Kreuzes deutlich werden. Der Heilige Geist überführt uns von unserer Sünde (Joh 16,8–9).

Ein Bild mag das Heilsgeschehen auf Golgatha verdeutlichen helfen: In den Prärien Afrikas und Amerikas kommt es in der trockenen Jahreszeit gelegentlich zu verheerenden Bränden. Die Feuerwalze bewegt sich mit ungeheurer Geschwindigkeit vorwärts und vernichtet dabei alle Tiere und Menschen. Was ist da zu tun, wenn man die Feuersglut herannahen sieht? Man zündet selbst schnell ein Feuer an. Dadurch entsteht eine abgebrannte Fläche, und wenn die Feuerlawine heranrollt, ist man auf dieser ausgesparten Stelle auf sicherem Boden. In Analogie dazu ist das Kreuz eine solche abgebrannte Fläche. Hier hat Gott die Sünde gerichtet. Hier hat der Gerechte *ein für allemal* für die Ungerechten gelitten. Golgatha ist die Stätte der Zuflucht. Am Kreuz

- wurde JESUS arm, damit wir reich würden;
- wurde JESUS heimatlos und gab uns eine Heimat;
- trug JESUS unsere Schmerzen, damit wir frei würden;

- dürstete JESUS, damit wir nimmer dürsten;
- trug JESUS unsere Schmach, um uns zu krönen;
- wurde Er zur Sünde gemacht, damit Er unsere Gerechtigkeit würde.

In der Kreuzesbotschaft befriedigt Gott nicht unseren Verstand, auch nicht den Wunsch nach sichtbaren Zeichen, sondern hier ist Gottes rettende Kraft angeboten: »Denn das Wort vom Kreuz ist eine Torheit denen, die verloren werden; uns aber, die wir selig werden, ist's eine Gotteskraft» (1 Kor 1, 18). Unter dem Kreuz schmilzt unsere Weltweisheit zusammen, hier werden alle menschlichen Rettungsversuche in den Religionen und Philosophien zunichte gemacht. *Heinrich Kemner* formulierte es sehr treffend: »Wenn man unter dem Kreuz JESU CHRISTI ehrlich und echt zu Gott kommt, kann man in einer Minute mehr von Gott erfahren und wissen, als alle Wissenschaft dieser Welt je meinem Verstand beweisbar machen kann. Die Wissenschaft Gottes ist nicht widervernünftig, wohl aber übervernünftig.« Im Kreuz JESU hat Gott den einzig möglichen Rettungsweg erwirkt und für alle Zeiten markiert. Auch wenn jemandem der von Gott genannte Weg als Torheit erscheinen mag, so ändert das nichts an der Rettungskraft derjenigen, die es annehmen. Zwei alttestamentliche Begebenheiten sollen uns den von Gott verordneten Rettungsweg als **einzig möglichen** verdeutlichen helfen und uns ebenso zeigen, daß es nicht auf unsere verstandesmäßige Erklärung ankommt.

1. Die Arche: Vor dem damaligen nahenden Gericht über den Unglauben hatte Gott in der weltweiten Sintflut *nur eine* mögliche Errettung angeboten: die *Arche Noah*. Versetzen wir uns einmal in jene Zeit zurück. Die Menschen hatten nur ein mitleidiges Lächeln übrig, als *Noah* sagte, er treffe Vorkehrungen, um vor dem Gericht Gottes Rettung zu schaffen. Er baute sein riesiges Schiff wohl nicht an einem Hafen, sondern vielmehr an einem Waldhang. Auch hatte er weder Ruder noch Segel in seiner außergewöhnlichen Konstruktion vorgesehen. Das Motiv für diesen Schiffbau wie auch Bauplatz und Gestaltung empfanden die Leute als Torheit. Dann aber kam die Flut. Nun begannen die Kritiker mit ihren eigenen Rettungsaktionen: Sie bestiegen ihre eigenen Boote, kletterten auf Bäume und Häuser und flüchteten auf die Berge, aber nirgendwo war Rettung: »... da ging alles Fleisch unter« (1 Mose 7,21). Allein auf dem von Gott verordneten Weg war Rettung möglich. So ist es auch mit dem Kreuz: Nur dieser Weg bietet Rettung. Auf allen anderen Wegen geht man verloren. Es stellt sich hier nicht die Frage, was die meisten Menschen für richtig halten. In der Arche hätten viele Leute Platz gehabt, dennoch wurden nur wenige, d. h. acht Menschen, gerettet. Die Kraft des Kreuzes ist so groß, daß **alle** Menschen dadurch gerettet werden **könnten.** Es werden dennoch **nur jene** Rettung finden, die diese neutestamentliche Arche wirklich »bestiegen« haben.

2. Die erhöhte Schlange (4 Mose 21): Während der Wüstenwanderung des Volkes Israel nach dem Auszug aus Ägypten murrte das Volk gegen Gott. Da sandte Gott *feurige Schlangen* ins Lager. Nun war das Entsetzen groß, und viele starben, denn das Gift der Schlangen war tödlich. Die Rettungsbotschaft Gottes für die zum Tode Gebissenen war sehr einfach: »Mache dir eine eherne Schlange und richte sie zum Zeichen auf; wer gebissen ist und sieht sie an, der soll leben« (4 Mose 21,8). Mit anderen Worten: Blicke nicht auf die Wunde oder auf die Gefahr, sondern schaue einzig auf das von Gott verordnete Zeichen. Nur im Blick zur ehernen Schlange war das Gegengift gegeben. In diesem Zeichen war Rettung und Hilfe, weil Gott sich mit seinem Wort damit verpfändet hatte. Manche werden wohl gespottet haben und hielten eine solche Maßnahme für vernunftwidrig. Sie hatten eigene Gegenmaßnahmen: kalte Umschläge, Ausbrennen der Wunde, Aussaugen des vergifteten Blutes – aber alle eigenen »vernünftigen« Wege halfen nicht: sie starben! Andere gehorchten Gott, schauten auf das gesetzte Zeichen und blieben am Leben.

Es sind gut 1000 Jahre später, da findet das Nachtgespräch JESU mit *Nikodemus* statt. JESUS erklärt ihm, daß die eherne Schlange ein Vorbild auf sein Kreuz ist: »Wie *Mose* in der Wüste die Schlange erhöht hat, so muß des *Menschen Sohn* erhöht werden, auf daß alle, die an ihn glauben, das ewige Leben haben« (Joh 3,14–15).

Für uns gilt: Auf das Kreuz JESU sollen wir sehen! Dort allein ist ewiges Leben zu haben. Hier wurde der gültige Kaufpreis bezahlt. Nur diese Währung hat Kurswert bei Gott. Es ist das von Gott gesetzte Zeichen der Rettung. *Heinrich Kemner* betont: »Die Hände Gottes im Kreuz laden alle ein. Aber man endet nur an der Hochzeitstafel, wenn man die Ehrlichkeit hat, sich dem Urteil Gottes im Kreuz seines Sohnes zu stellen.«

4.7 Der Weg zum Leben: Wie wird er beschritten?

Gott hat nicht nur alle Voraussetzungen zum Heil geschaffen, sondern er teilt uns auch genau mit, in welcher Weise wir auf diesem Weg zum Leben gelangen. Auch hier hat sich nun menschlicher Erfindergeist wieder betätigt und eine breite Palette unterschiedlicher Wege formuliert:

- So behaupten manche, es gäbe eine alleinseligmachende Kirche, und nur wenn man hierzu gehört, kann man selig werden.
- Es ist ein Wesenskennzeichen der Sekten, daß sie damit werben, nur ihre Gemeinschaft sei Heilsträger. Manch ein Suchender läßt sich dadurch verführen und meint, durch eine entsprechende Beitrittserklärung den Himmel gewonnen zu haben.
- Andere wiederum meinen, daß Handlungen wie Taufe, Abendmahl, Konfirmation oder Kommunion Eintrittskarten für den Himmel seien. Dies ist ein schwerwiegender Irrtum. Wir sagen nichts gegen Taufe und Abendmahl, denn die Taufe ist ein von JESUS selbst eingesetzter Gehorsamsschritt für den Glaubenden, und die Mahlfeier ist eine besonders zentrale Handlung im Leben der Gemeinschaft unter Christen. Taufe und Abendmahl dienen aber keineswegs zur Erwirkung des Heils.
- Gute Werke sind Gott angenehm (2 Tim 3, 17; Jak 2, 17), aber sie haben keine rettende Kraft (2 Tim 1, 9). Als jemand im Sterben lag, bat er den Pfarrer zu sich, um das Abendmahl zu nehmen. Danach gab er eine größere Spende für die Mission und meinte, nun könne ihm ja nichts passieren. Hier war die weit verbreitete Meinung vorhanden, Abendmahl und gute Werke hätten rettende Kraft.

Diese genannten Beispiele müssen wir darum – auch wenn sie ein christliches Vorzeichen tragen – unter Religion einordnen. Nicht der Weg der Religion, sondern das Evangelium hat rettende Kraft. So wollen wir unter genauer Betrachtung der biblischen Botschaft den von Gott verordneten Weg zum Heil aufzeigen. Der Weg zum ewigen Leben ist nach *Bild 8* durch drei Stationen markiert, für die es **keine** Umgehungsstraße und **keinen** Ersatz gibt: Sie werden beschrieben durch die Stichworte *Buße, Bekehrung* und *Wiedergeburt*. Buße und Bekehrung sind die erforderlichen Schritte des Menschen, worauf Gott mit dem Geschenk der Wiedergeburt antwortet. Es gibt zahlreiche Kirchenmitglieder, die sich für Christen halten, aber nie eine Bekehrung und Wiedergeburt erlebt haben. Sie sind dann nach dem klaren Zeugnis der Bibel auch keine geretteten Leute. Welch fatale Enttäuschung ist es, wenn der Herr am Tage des Gerichts zu ihnen sagen wird: »Ich habe euch **nie** gekannt« (Mt 7,23). Wir wollen darum genau den vom Herrn angegebenen Heilsweg betrachten.

4.7.1 Buße: Eine durchgreifende Sinnesänderung

Im heutigen umgangssprachlichen Gebrauch wird das Wort *Buße* u.a. verwendet, wenn »jemandem für ein Vergehen eine Buße auferlegt wird« oder wenn ein Autofahrer nach dem Übertreten von Verkehrsregeln »eine Geldbuße« zu zahlen hat. Der neutestamentliche Begriff Buße (griech. *metanoia)* meint jedoch eine durchgreifende Sinnesänderung, ein gründliches Umdenken, eine Entrümpelung der alten Anschauungen, Meinungen und Vorstellungen. Dieser innere Vorgang der Umsinnung wird deutlich beim verlorenen Sohn: »Ich will mich aufmachen und zu meinem Vater gehen und zu ihm sagen: Vater, ich habe gesündigt gegen den Himmel und vor dir« (Lk 15,18). Um Wesen, Wirkung und Notwendigkeit der Buße zu erfassen, wollen wir mehrere Schriftworte reden lassen:

Die Möglichkeit zur Buße ist in Gottes Güte begründet: »Weißt du nicht, daß dich Gottes Güte zur Buße leitet?« (Röm 2,4). Gott will uns dadurch zur Rettung von der ewigen Verlorenheit führen (2 Petr 3,9; Mt 3,2). In Gottes Reich kommt nur, wer

Buße tut. Darum ist die Buße ein von Gott verordneter Befehl (Mt 3,2; Mk 1,15; Apg 17,30). Gott hatte seinen Sohn in diese Welt gesandt, um Sünder zur Buße zu rufen (Lk 5,32).

Buße ist für den Menschen ein Willensakt persönlicher, freier Entscheidung (Lk 15,18). Die Buße ist ein *notwendiger Schritt,* um der ewigen Verlorenheit zu entrinnen: »Wenn ihr nicht Buße tut, werdet ihr ... umkommen« (Lk 13,3). Gottes Wille ist Retterwille: »Der Herr ... hat Geduld mit euch und *will nicht,* daß jemand verloren werde, sondern daß sich jedermann zur Buße kehre« (2 Petr 3,9). Wer sich dagegenstellt, wird erfahren müssen, wie es *Ludwig Thimme* ausdrückte: »Ohne Buße und Bekehrung gibt es kein Entrinnen vor der Hölle.«

Die Buße ist die Voraussetzung zur Bekehrung, sie ist die Abzweigung vom breiten Weg der Verdammnis und gleichzeitig die enge Eingangspforte zum schmalen Weg des Lebens. In der Buße erkennen wir unseren verlorenen Zustand vor Gott, bekennen dem Herrn JESUS unsere Sünden (1 Joh 1,8–9) und erhalten die Vergebung von **aller** Untugend. Buße ist die bewußte Umkehr vom eigenen Willen zum Willen Gottes hin. Ist die Buße echt, so leitet sie zur Bekehrung über: »So tut nun Buße *und* bekehret euch!« (Apg 3,19).

4.7.2 Bekehrung: Die bewußte Hinkehr zu Gott

Buße und Bekehrung sind sehr eng aneinander gekoppelt. Beides gehört zusammen, denn die Bekehrung ist die bewußte Rückkehr bzw. Hinkehr zu Gott. Im Gleichnis vom verlorenen Sohn (Lk 15) kommt dieses Geschehnis in Vers 20 zum Ausdruck: »Und er machte sich auf und kam zu seinem Vater. Da er aber noch ferne von dannen war, sah ihn sein Vater, und es jammerte ihn, lief und fiel ihm um seinen Hals und küßte ihn.« Wer sich einen Schritt zum Herrn hinkehrt, dem kommt er mit tausend Schritten entgegen. Hinkehr zu Gott ist immer an Annahme durch Gott gekoppelt. Eingeladen ist jeder. Weil es keine Ausnahme gibt, kann *Heinrich Kemner* sagen [7]: »Du kannst kommen, wie du bist: mit vergifteter Phantasie, mit verludertem Leben, mit verhurtem Gut! Du kannst kommen vom Feind deiner Seele, von den ›Trebern‹ her, wie der verlorene Sohn!«

Da es zur Bekehrung viele Mißverständnisse gibt, wollen wir diesen zweiten Schritt zum ewigen Leben an Hand einiger grundsätzlicher Fragestellungen beantworten:

a) Wie geschieht Bekehrung?

In der Bekehrung übergeben wir dem Herrn JESUS unser ganzes Leben mit allen Bereichen. Wir räumen ihm die Verfügungsgewalt über unser Leben ein. Er erhält das Hausrecht in allen Gemächern unseres Daseins. Der Herr drängt sich niemandem auf, er steht jedoch klopfend an unserer Herzenstür (Offb 3,20) und wartet, bis wir ihn in einem ganz persönlichen Gebet einladen, die Herrschaft unseres Lebens zu übernehmen. In Johannes 1, 12 wird dieser Vorgang mit der Folge der Gotteskindschaft beschrieben: »Wie viele ihn aber aufnahmen, denen gab er Macht, Gottes Kinder zu werden, die an seinen Namen glauben.«

b) Ist die Bekehrung notwendig zum ewigen Leben?

Die Bekehrung ist nach dem Zeugnis der Schrift ein unbedingt notwendiger Vorgang, um aus der Todeslinie herauszukommen. Bereits im Alten Testament lesen wir:

Hesekiel 18,21: »Wo sich aber der Gottlose bekehrt . . ., so soll er *leben* und *nicht sterben.«*
Hesekiel 18, 23: »Meinst du, ich habe Gefallen am (ewigen!) Tode des Gottlosen, spricht der Herr, und nicht vielmehr, daß er sich *bekehre* von seinem Wesen und *lebe.«*
Hesekiel 18,32: »Darum *bekehret euch,* so werdet ihr leben.«

Auch der Herr JESUS lehrt, daß ohne Bekehrung **niemand** das Reich Gottes sehen wird: »Wahrlich, ich sage euch, so ihr euch nicht bekehret und werdet wie die Kindlein, so werdet ihr nicht in das Himmelreich kommen« (Mt 18,3). Die Bekehrung ist somit ein *notwendiger Vorgang* für das Leben. Wer sie versäumt, verfällt dem ewigen Tod.

c) Wie oft geschieht Bekehrung?

Manche Leute sagen, man müsse sich täglich bekehren oder einmal im Jahr oder vielleicht mehrmals im Leben. Wie wir noch darlegen werden, folgt auf die Bekehrung die Wiedergeburt. Wie die leibliche Geburt nur einmal geschieht, so geschehen Wiedergeburt und Bekehrung auch nur einmal im Leben eines Menschen. Wenn jemand im Wandel des Glaubens schwach wird, so daß er merkt, eine Umkehr ist nötig, so geschieht das durch eine »erneute Hingabe« an JESUS. Dies ist ein Vorgang der Buße, aber nicht der Bekehrung. Die einmalige Bekehrung ist in der Regel ein so einschneidendes Erlebnis, daß wir davon berichten können sollten (Lk 15,20; 1 Thess 1,9; 1 Petr 2, 25; Apg 26, 12–18), wo und wann wir diesen Schritt bewußt taten. Wer in einer gläubigen Familie aufgewachsen ist, hat von Kindheit an die biblische Lehre kennengelernt und sie im allgemeinen auch übernommen. Der Schritt zur **eigenen** Bekehrung bleibt dem Betreffenden nicht erspart, denn Gott hat keine Enkel, sondern nur Kinder. In solchen Fällen wird die Bekehrung nicht immer als ein so markantes Erlebnis empfunden, aber der Betreffende kann dennoch von ganzem Herzen bezeugen, daß er JESU Eigentum ist.

d) Wer muß sich bekehren?

Diese Frage ist eine der entscheidendsten, denn hier werden wir ganz persönlich herausgefordert. Eine weit verbreitete Ansicht ist die: Es müssen sich die Gottlosen, die Atheisten, die Nihilisten, die Kommunisten, die Spiritisten, die Animisten, die Evolutionisten, die Ehebrecher, die Freimaurer, die Spione, die Diebe, die Zauberer und Mörder bekehren, nicht aber die Kirchenleute, die Pfarrer, die Kirchenvorsteher, die Evangelischen, die Katholischen, die Freikirchler, die Gottesfürchtigen usw. Nach der Bibel aber müssen sich **alle** bekehren, d. h. sowohl die erstgenannte Gruppe als auch die folgende. Es müssen sich sogar die Leute bekehren, die bereits einen gewissen Glauben an Gott haben. Ich bin selbst früher zur Kirche gegangen und habe auch gebetet, aber bekehrt habe ich mich erst 1972 in einer Evangelisation. Ein Pfarrer bezeugte vor vielen Zuhörern, daß er ein Theologiestudium hinter sich gebracht hatte und schon mehrere Jahre in einer Gemeinde predigte. Eines Tages las er in der Bibel zum Zweck seiner Predigtvorbereitung. Das Wort ergriff ihn, er kniete nieder und übergab dem Herrn sein ganzes Leben. Das war die Stunde seiner Bekehrung. Er berichtete, daß er von da an als ein Erretteter völlig anders predigte und nun auch seiner Gemeinde Brot statt Steine reichen konnte.

Auch wer Gebetserhörungen erlebt hat, ist damit noch nicht bekehrt. *Wilhelm Pahls* berichtet von einem jungen Mann, der zur See fuhr. Seine Mutter war eine gläubige Frau, die beim Abschied ihrem Sohn einschärfte: »Wenn du in Gefahr kommst, dann bete!« Der junge Mann war schon einige Zeit auf hoher See, da hatte er auf den oberen Aufbauten zu tun. Er verlor das Gleichgewicht und fiel in die schäumende See. Niemand war an Deck, der das sah. In seiner Not schrie er zu Gott und bat um Hilfe. Nun geschah es tatsächlich, daß nach einigen Minuten das Schiff beidrehte und nach ihm gesucht wurde. Er wurde gefunden und damit vom sicheren Tode gerettet. Wie war das zu erklären? Der junge Mann erfuhr, daß in dem Bruchteil der Sekunde, als er in die See stürzte, gerade ein Matrose aus dem Bullauge sah und so Augenzeuge des Geschehens wurde. Er meldete es, und so begann die Suchaktion. Gott hatte das Gebet des jungen Mannes auf wunderbare Weise erhört. Er war vom Ertrinken errettet, aber war er auch für die Ewigkeit gerettet? Nein! Es ist bekanntgeworden, daß der junge Mann sich später in einer Evangelisation bekehrt hat und dadurch ewiges Heil erhielt. Gebetserhörungen von Nichtbekehrten sind eine vorlaufende Gnade Gottes, ein Lockruf Gottes zu Buße und Bekehrung. Viele Soldaten haben in Kriegsgefahr um Bewahrung gebetet. Nur wenige haben sich bekehrt. Als es ihnen wieder gutging, haben sie nicht mehr nach Gott gefragt.

Petrus war schon lange Zeit mit JESUS gegangen, er erlebte die großen Taten Gottes und glaubte an ihn, aber er war immer noch nicht bekehrt. JESUS bescheinigt sogar den Glauben des *Petrus,* aber seine Bekehrung stand noch aus: »Ich aber habe für dich gebeten, daß dein Glaube nicht aufhöre. Und *wenn du dermal-*

einst dich bekehrst, so stärke deine Brüder« (Lk 22,32). Der Glaube ist sogar eine Voraussetzung zur Bekehrung, denn wie soll man sich zu Gott bekehren, wenn man ihn nicht kennt und wenn man nicht Vertrauen zu ihm hat. Auch das Wort aus Apostelgeschichte 11, 21 belegt diese Aussage: »Eine große Zahl ward gläubig und bekehrte sich zum Herrn.« Glaube und Bekehrung können zeitlich sehr dicht zusammenfallen. Manchmal erleben wir in den Evangelisationen, wie Menschen zum ersten Mal das Evangelium in Vollmacht hören, wie sie unter der Botschaft Vertrauen und Glauben gewinnen und dann in die Seelsorge kommen und sich bekehren. Häufiger ist jedoch der Fall, daß Menschen schon vorbereitet sind durch eigenes Lesen der Bibel, durch gute christliche Bücher, durch längere Kontakte mit lebendigen Christen, durch Besuche von Gottesdiensten oder Hauskreisen und sich dann bekehren, indem sie ihr Leben vollständig dem Herrn ausliefern. Es kann sogar sein, daß manche schon lange in der kirchlichen Arbeit tätig sind und meinen, sie seien gute Christen, aber sie haben sich nie bekehrt. Wer in einer solchen Selbsttäuschung bleibt, befindet sich auf einem Fließband zur Hölle.

Halten wir fest: Es muß sich *jeder einmal* bekehren, der das Reich Gottes sehen will. *Ernst Modersohn* sagte einmal: »Auch die beste Erziehung, auch die frömmste Veranlagung macht eine Bekehrung nicht überflüssig. Jeder Mensch muß sich einmal bekehren, d.h. sein Herz und Leben bestimmt und entschieden dem Herrn ergeben.« Nur die eine wahre Bekehrung rettet, sie ist der notwendige Schritt des Menschen zur Erlangung des ewigen Lebens. Wer dies versäumt, verfällt dem ewigen Tod.

e) Wann soll man sich bekehren?

Der Herr JESUS bezeichnet solche Leute als klug, die nach dem Hören des Wortes auch danach tun (Mt 7,4). Das gilt in besonderer Weise für die Bekehrung. Wenn uns die Botschaft ins Herz trifft, dann ist unsere Entscheidung gefordert: »**Heute,** wenn ihr seine Stimme hören werdet, so verstocket eure Herzen nicht« (Hebr 4,7). Der *Kämmerer aus dem Mohrenland* kam als ein Suchender nach Jerusalem. Er kaufte sich eine Schriftrolle und verstand nicht den Inhalt der Botschaft. Als ihm aber an Hand des Textes von Jesaja 53, 7–8 *Philippus* das Evangelium von JESUS predigte, nahm er augenblicklich dieses Heilsangebot von ganzem Herzen an; er glaubte an JESUS CHRISTUS als den Sohn Gottes, ließ sich taufen und zog fröhlich seine Straße (Apg 8, 26–39). Hier haben wir ein gutes Vorbild: Ein Mensch hörte das Wort der Rettung und nahm es ohne Aufschub an. In der Apostelgeschichte wird von einem anderen Mann berichtet, der uns ein warnendes Gegenbeispiel sein soll. Auch *Festus* hörte von dem Glauben an JESUS CHRISTUS und anderen zentralen Lehraussagen der Bibel. Seine Reaktion war: »Gehe hin für diesmal; wenn ich gelegene Zeit habe, will ich dich wieder rufen lassen« (Apg 24, 25). Es wird uns nicht berichtet, daß er *Paulus* noch einmal rief, um sich zu bekehren. Für *Festus* erwies sich die geschenkte Gelegenheit als verpaßte Gnade. So gehen auch in unseren Tagen viele Menschen durch die Missionszelte, ohne die Gelegenheit der Entscheidung zu nutzen.

Manche Leute meinen, sie könnten sich noch kurz vor dem Tode bekehren. Die Gnade des *Schächers am Kreuz,* der in der letzten Sterbeminute den Herrn anrief und dem auch das Heil zuteil wurde, dürfte die seltene Ausnahme sein. Wir können den Bekehrungszeitpunkt nicht so manipulieren, wie wir es wollen. Man kann sich nur dann bekehren, wenn Gott ruft. *Bezzel* mahnte: »Dies Heute der Gnade in JESUS ist unerschöpflich in der Vergebungskraft, aber es hat seine unausweichliche Sekunde.« Bei nahendem Ende in großer Schwäche, starken Schmerzen, in Fieberdelirien oder gar bei plötzlichem Tod schwindet diese Aussicht ganz. Ein Hamburger Stadtmissionar führte einmal eine merkwürdige Statistik [11]. Er hatte als Seelsorger in einem großen Krankenhaus die Namen all derer notiert, die sich scheinbar auf dem Sterbebett bekehrt hatten und dann doch genesen waren. Er stellte fest, daß sich bei fast keinem die Umkehr als echt erwies. Es waren elende Angstprodukte. Nur die »göttliche Traurigkeit« (2 Kor 7, 10) bringt echte Umkehr. Die Traurigkeit, daß man Gott betrübt hat, führt zur Hinwendung zu ihm und damit zum Leben. Die »Traurigkeit der Welt«, der Jammer geängstigter Ichsucht aber »wirkt den Tod«. *Paul Le Seur* warnt vor einer Fehlorientierung [11]: »Wer aber den Tod als Zaubermittel ansieht, durch das man selig gemacht wird, ohne daß der eigene Wille tätig ist, der setzt sich mit der Bibel in schärfsten Widerspruch und macht alle Seelsorge, ja die ganze Heilsgeschichte, überflüssig.«

f) Was ist die Folge der Bekehrung?

Spurgeon sagte einmal: »Eine echte Bekehrung läßt sich ebensowenig verbergen wie das Licht in einem dunklen Zimmer.« Mit der Bekehrung geht eine Veränderung des Lebens einher, die durch einen radikalen Bruch mit der Sünde gekennzeichnet ist. *Paul Humburg* hat diese Wandlung bildhaft beschrieben: »Vor unserer Bekehrung sündigen wir fahrplanmäßig, aber nach der Bekehrung ist uns jede Sünde gleich zu einem Eisenbahnunglück.« Dieses neue Leben drückt sich weiter in einem neuen Lebensbezug aus. Die Rangfolge der Dinge des Lebens bekommt eine neue Ordnung, in der das Anliegen des Reiches Gottes eine zentrale Rolle spielt. Der bekehrte Mensch hat einen Hunger nach dem Worte Gottes, und er sucht die Gemeinschaft mit anderen Bekehrten. Er wird getrieben vom Heiligen Geist (Röm 8, 14), und die Früchte dieses Geistes (Gal 5, 22) werden für jedermann sichtbar zutage treten. Die Bekehrung ist somit der *Schlußpunkt* des alten, aber gleichzeitig der *Doppelpunkt* des neuen Lebens. Das Neue Testament drückt das so aus: »Ist jemand in CHRISTUS, so ist er eine neue Kreatur« (2 Kor 5, 17). Die Bekehrung bewirkt ein Doppeltes: Dieses irdische Leben bekommt eine neue, sinnhafte Mitte, und gleichzeitig bekommen wir das Geschenk der Gotteskindschaft, das uns zu Erben des ewigen Lebens macht. *Heinrich Kemner* schreibt darüber [7]: »So wie du lebst, so stirbst du. Und wie du stirbst, so fährst du. Und wohin du fährst, da bleibst du.« Diese Gotteskindschaft wird uns zuteil in der Wiedergeburt, von der anschließend die Rede sein soll.

4.7.3 Wiedergeburt: Die Geburt zur Kindschaft Gottes

Schlatter drückte das dritte Geschehen im Leben des geretteten Menschen so aus: »Die Bekehrung ist die letzte Tat des alten Menschen, die Wiedergeburt ist die erste Erfahrung des neuen Menschen.« Die Wiedergeburt ist die Antwort Gottes auf unsere Bekehrung. So wie wir uns nicht selbst zur Geburt in diese Welt gebracht haben, so ist auch die Wiedergeburt ein Geschehnis an uns. Der Vorgang der Wiedergeburt ist ein unerläßliches Ereignis, um nicht ewig verlorenzugehen. JESUS hat es eindringlich gesagt: »Es sei denn, daß jemand von neuem geboren werde, so kann er das Reich Gottes nicht sehen« (Joh 3,3). Kein Mensch kann also selig werden, wenn sich nicht die Wiedergeburt an ihm ereignet hat. Diese Geburt ist wie folgt gekennzeichnet:

- Sie ist eine *vom Geist Gottes* gewirkte Geburt (Joh 3,6 + 8).
- Sie ist eine *von Gott* geschenkte Geburt. Im Gegensatz zu unserer natürlichen Geburt wurde durch die Wiedergeburt kein Mann Vater, sondern sie ist von Gott gewirkt. Das kommt besonders deutlich in der plattdeutschen Übersetzung von *Johannes Jessen* zum Ausdruck [6]:

  »Un de stammt nich ut Minschenbloot,
  ock nich ut Minschenwilln,
  dor is keen Mann bi Vader worrn.
  Nä, de sünd worrn dörch Godd sin Willn,
  de stammt aff vun em sülben« (Joh 1,13).
- Sie ist eine *aus dem Wort Gottes* geschehene Geburt: »Als die da wiedergeboren sind nicht aus vergänglichem, sondern aus unvergänglichem Samen, nämlich aus dem lebendigen Wort Gottes, das da bleibt« (1 Petr 1,23).
- Sie ist eine *Geburt zur Kindschaft Gottes* hin. Durch die natürliche Geburt werden wir ein Kind unseres *irdischen* Vaters, durch die Wiedergeburt werden wir ein Kind des *himmlischen* Vaters.
- Sie darf nicht verwechselt werden mit der Taufe. Wenn die Kindertaufe die Wiedergeburt wäre, dann hätten in der Bundesrepublik 95 % der Bevölkerung die Gotteskindschaft. Dann wären auch *Hitler, Stalin* und *Mussolini* errettete Leute. Der

bekannte Pfarrer *Wilhelm Busch* hat vor solch einer irrigen Denkweise entschieden gewarnt [2]: » . . . dies haben wir weithin der verderblichen Tauflehre zuzuschreiben. Sollte je ein Gewissen beunruhigt sein – sollte je ein Mensch auf den Gedanken kommen, er müsse umkehren wie der verlorene Sohn – sollte je der Geist Gottes ein Herz erwecken –: dann wird es sofort narkotisiert mit der Botschaft: Du bist ja getauft. Es ist alles gut. Da legt sich das erwachte Gewissen wieder zur Ruhe.«

Wir haben nun die drei entscheidenden und notwendigen Stationen für die Errettung des Menschen besprochen. Wer in bewußter, persönlicher Hinkehr zu JESUS CHRISTUS diesen Weg beschritten hat, ist ein reicher Mensch geworden: Auf ihn wartet die größte Erbschaft, die je ein Mensch antreten kann. Er wird die Ewigkeit in der Gemeinschaft mit Gott verbringen. Der Himmel ist das unvergängliche Erbe. Anders als auf der Todeslinie im unteren Teil von *Bild 8* ist der leibliche Tod hier Eingang zum Leben. Auf der Lebenslinie gilt dann die Wirklichkeit aus Philipper 1, 21: »Denn CHRISTUS ist mein Leben, und Sterben ist mein Gewinn.«

Das Evangelium ist die beste Botschaft, die je gesagt wurde. Es ist die Botschaft der Liebe Gottes an uns, die Botschaft der Freude und der Errettung. Es ist die Botschaft, die uns in den Himmel bringt. Wer in ganz persönlicher Hinwendung zu JESUS kommt – in Buße und Bekehrung –, der ist ein Geretteter. Aber die Botschaft hat auch noch eine andere Wirkung. Man kann den Anruf Gottes hören und läßt ihn unbeachtet vorübergehen. Wer also das Wort Gottes vernommen hat und es nicht annimmt, der hat es sich zum Gericht gehört. Der Mensch bleibt in seiner Schuld und kann im Gericht nicht bestehen (Hebr 9, 27; Joh 3, 36b). Das Verdammungsurteil der Sünde bleibt über den unerlösten Menschen bestehen. Ohne Hinkehr zu JESUS gehen wir ewig verloren, auch mit einer christlichen Tradition. Religion hat nur betäubende Wirkung, aber nicht rettende Kraft. Wenn *Karl Marx* das unter Religion verstand, was bisher dazu dargelegt wurde, dann hatte er recht: »Religion ist Opium des Volkes.« Wenn wir den Anruf Gottes annehmen und uns zu JESUS CHRI-

STUS bekehren, dann ist uns das Heil widerfahren, dann ist uns die Sonne der Ewigkeit aufgegangen, dann sind wir vom Tode zum Leben hindurchgedrungen (Joh 5,24). JESUS ist das Ende aller Religion! Entscheiden wir uns für Religion oder Evangelium?

4.8 Der Glaube von Herzen: Das rettende Seil

Im vorigen Kapitel haben wir die notwendigen Schritte der Rettung besprochen, nämlich Buße, Bekehrung und Wiedergeburt. Dabei wurde wenig über den Glauben ausgeführt, obwohl dieser ebenso von grundlegender Bedeutung für die Rettung des Menschen ist. Bekehrung und Wiedergeburt kennzeichnen punktuelle Geschehnisse, die sich in der Regel mit Ort- und Zeitangabe belegen lassen; der Glaube hingegen ist ein Seinszustand des geretteten Menschen. Durch ihn empfängt er das Heil. Diesen Vorgang hat *C.H. Spurgeon* einmal bildhaft verdeutlicht [17]:

CHRISTUS im Glauben aufnehmen ist ein ganz einfacher Vorgang – vergleichbar einem Kind, das vom Vater einen Apfel bekommt. Er hält den Apfel hin und verspricht dem Kind, ihn zu geben, wenn es kommt und ihn in Empfang nimmt. Bei diesem Beispiel beziehen sich Vertrauen und Annehmen zwar nur auf einen Apfel, aber es geht dabei um denselben Akt wie beim Glauben, der es mit der ewigen Errettung zu tun hat. Was die Hand des Kindes für den Apfel ist, das ist der Glaube für das vollkommene Heil in CHRISTUS. Die Hand des Kindes bringt nicht den Apfel hervor, verbessert ihn nicht, verdient ihn nicht, sie nimmt ihn nur an. So ist der Glaube von Gott dazu erwählt, das Heil zu ergreifen. Wer den Glauben so annimmt, begnügt sich damit, das Heil demütig zu empfangen und gibt nicht vor, das Heil zu schaffen oder dabei mitzuwirken. Gott hat den Glauben als Werkzeug erwählt, weil dieser den Menschen mit Gott verbindet. Wenn der Mensch Gott vertraut, so entsteht eine Vereinigung zwischen Gott und uns, und diese Vereinigung verbürgt Segen. Der Glaube errettet uns, weil er uns veranlaßt, uns an Gott zu klammern, und uns somit in Verbindung mit ihm bringt. Durch eine vor Jahren geschehene Begebenheit mag dieser Aspekt veranschaulicht werden:

Oberhalb der Niagarafälle kenterte ein Boot. Die beiden Insassen wurden auf den tosenden Wasserfall zugetrieben. Da gelang es einigen Leuten, den Schiffbrüchigen vom Ufer aus ein Seil zuzuwerfen. Der *eine* Schiffbrüchige klammerte sich daran fest und wurde sicher ans Land gezogen. Der *andere* aber sah einen großen Baumstamm vorbeitreiben. Er ließ das Seil fahren und klammerte sich an den Baumstamm, weil dieser größer war und ihm zuverlässiger erschien. Doch der Stamm mit dem Mann wurde in den tiefen Strudel hinabgetrieben. Es bestand keine Verbindung zwischen ihm und dem rettenden Ufer. Die Größe des Baumstamms brachte ihm keine Rettung. So wird auch der Mensch, der auf seine eigenen Werke, seine eigene Lebensphilosophie oder auf die großen Religionen schaut und darauf vertraut, nicht gerettet, weil keine Verbindung zu CHRISTUS besteht. Der zweite Schiffbrüchige ergriff das dünne, unscheinbare Seil und fand Errettung aus der Todeslinie. So reicht der Glaube – mag er uns auch wie ein dünnes Seil erscheinen – hinüber bis zur Uferseite und liegt in den Händen des großen Gottes. Das uns zugeworfene Seil in CHRISTUS, das wir erfassen müssen, macht uns gerecht und bringt Rettung von der ewigen Verlorenheit. Nur diese Gerechtigkeit gilt vor Gott, denn diese ist von ihm autorisiert.

Der Hebräerbrief markiert den Glauben als notwendige Voraussetzung, um Gottes Wohlgefallen zu finden: »Ohne Glauben ist's unmöglich, Gott zu gefallen; denn wer zu Gott kommen will, der muß glauben, daß er sei« (Hebr 11,6). Welcher Glaube ist hiermit gemeint? Verschiedene Glaubensarten müssen wir unterscheiden:

1. Aberglaube: Bereits im Alten Testament wird vor dieser »Form des Glaubens« gewarnt, die dem Herrn ein Greuel ist: »daß nicht jemand unter dir gefunden werde, . . . ein Tagewähler oder der auf Vogelgeschrei achte oder ein Zauberer oder Beschwörer oder Wahrsager oder Zeichendeuter oder der die Toten befrage. Denn wer solches tut, der ist dem Herrn ein Greuel« (5 Mose 18,10–12). Der Rundfunkevangelist *Richard Kriese* [9] hat in seinem Buch »Okkultismus im Angriff« auf diese Praktiken warnend hingewiesen und sie als dämonisches Wirken entlarvt: »Der Aberglaube in seinen verschiedenen Ausprägungen, oft bewitzelt und doch weit verbreitet, entfaltet im gestaffelten Angriffssystem dämonischer Mächte anscheinend eine neue, offensive Stoßkraft ...Unglückszahlen und Glückszahlen, Unglückszeichen und Glückszeichen werden bei weitem ernster genommen, als die meisten vermuten: Man achtet auf die schwarze Katze oder auf den Schornsteinfeger und hat nichts gegen Glücksanhänger.« Talisman, Horoskop, Kartenlegen und andere okkulte Praktiken werden zum Aberglauben, der als Irrglaube in die Verlorenheit führt.

2. Götzenglaube: Die Bibel beschreibt an zahlreichen Stellen den Götzenglauben der Heiden, aber auch seinen Einbruch im Volke Gottes. Das Urteil lautet: »Ihre Götzen sind Trügerei und haben kein Leben. Es ist eitel nichts und ein verführerisches Werk; sie müssen umkommen, wenn sie heimgesucht werden« (Jer 10,14–15). Wie bereits dargelegt, ist der Glaube in den verschiedenen Religionen in diese Kategorie einzuordnen. Die Götzen sind nicht immer aus Holz, Stein oder Metall gefertigt, sondern werden auch als unsichtbare Götter verehrt (z. B. Hinduismus, Taoismus, Buddhismus, aber auch in den sog. christlichen Ländern in den Formen des Pantheismus, Theismus, Deismus, Anthroposophie).

3. Möglichkeitsglaube: Man trifft jemanden und fragt: »Ist dein Bruder zu Hause?« Er sagt: »Ich glaube es.« Auf die Nachfrage »Weißt du nicht, ob er da ist?« kommt die Antwort: »Sicher ist es nicht, aber ich glaube es.« In unserem Sprachgebrauch verwenden wir das Wort »glauben« häufig als Ausdruck der Ungewißheit und Unsicherheit. In diesem Sinne gibt es einen Allerweltsglauben, der weithin gang und gäbe ist. In solchen Fällen sollte man seine Unsicherheit mit »ich weiß es nicht genau« oder »ich nehme an« ausdrücken, aber nicht das Wort »glauben« dadurch seines eigentlichen Sinnes berauben. Der biblische Begriff »glauben« (griech. *pisteuein* = treu sein, glauben, vertrauen) hingegen meint etwas, das feststeht, das gewiß ist, das sicher ist und auf Vertrauen gegründet ist, obwohl das Glaubensobjekt nicht sichtbar ist: »Es ist aber der Glaube eine gewisse

Zuversicht des, das man hofft, und ein Nichtzweifeln an dem, das man nicht sieht« (Hebr 11,1).

4. Lehrglaube: Hiermit ist das bloße Fürwahrhalten von Lehrsätzen gemeint. Man hält für wahr, was als Meinung und Lehre der Kirche vermittelt wird. Man akzeptiert ein Glaubensbekenntnis, man hat sogar ein großes Wissen aus der Bibel, das man auch gutheißt und keinesfalls kritisiert. Dieser Lehrglaube ist jedoch weder krisenfest noch rettet er. *Luther* wußte das aus eigener schwerer Erfahrung. Er hat das bloße Fürwahrhalten von Lehren und Geschichten den Historienglauben genannt. Er sagte von ihm, er helfe nicht, »er sei ein natürlich Werk ohne Gnade, und diesen hätten auch die Verdammten.« Der Teufel ist ein guter Kenner der Bibel. Bei der Versuchung JESU (Mt 4,1–11) setzte er seine Bibelkenntnis ein. Das Neue Testament bezeugt uns, daß die Teufel den Lehrglauben auch haben: »Du glaubst, daß nur einer Gott ist? Du tust wohl daran; die Teufel glauben's auch und zittern« (Jak 2,19). Trotz des Wissens, daß JESUS Gottes Sohn ist (Mt 4,6), ist der Teufel bereits gerichtet (Joh 16,11).

Wie in *Bild 10* dargestellt, gehören alle diese Glaubensarten zum Bereich der Verlorenheit, denn keiner verfügt über rettende Kraft. So wollen wir jetzt auf den rettenden Glauben eingehen; es ist der Herzensglaube an JESUS CHRISTUS.

5. Herzensglaube an JESUS: Wenn das Wissen und Fürwahrhalten von biblischen Aussagen (Lehrglaube) mit der persönlichen Beziehung zu JESUS CHRISTUS (Herzensglaube) zusammenkommt, dann haben wir den rettenden Glauben: »Denn wenn man von Herzen glaubt, so wird man gerecht; und wenn man mit dem Munde bekennt, so wird man gerettet. Denn die Schrift spricht: Wer an ihn glaubt, wird nicht zuschanden werden ... Denn wer den Namen des Herrn wird anrufen, soll gerettet werden« (Röm. 10,10–13). Ein solcher Glaube ist völliges Vertrauen zu JESUS CHRISTUS. Den römischen Hauptmann von Kapernaum stellt JESUS beispielhaft heraus, weil er ihm alles zutraute (Mt 8,5–13). Der errettende Glaube ist Willenshingabe im totalen Vertrauen. Er gibt Gott die Ehre, indem er die Maßstäbe Gottes anerkennt und sich in Buße und Bekehrung zu

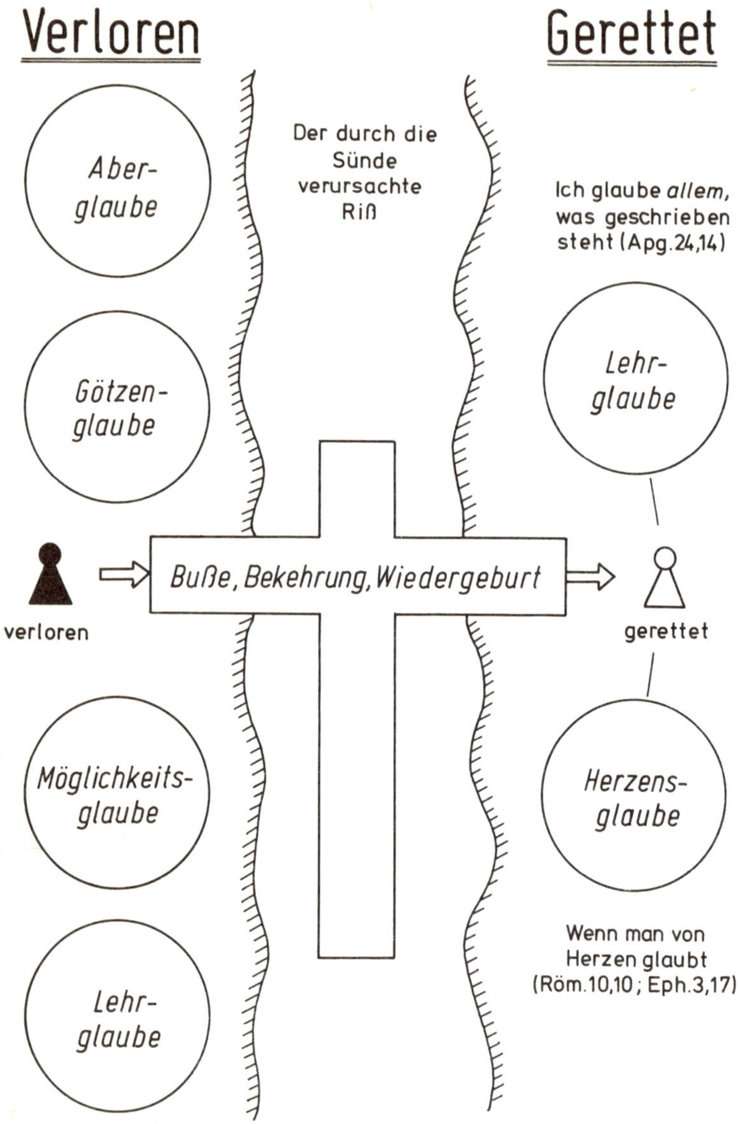

Bild 10: Glaubensarten auf der Seite der Verlorenheit und der durch das Kreuz JESU CHRISTI in Buße, Bekehrung und Wiedergeburt ermöglichte rettende Glaube.

ihm hinwendet. Der rettende Glaube an JESUS ist nicht irgendeine Vorstellung von ihm, sondern konsequent schriftgebunden: »Wer an mich glaubt, wie die Schrift sagt, von des Leibe werden Ströme lebendigen Wassers fließen« (Joh 7,38). Wer zu den Aussagen der Heiligen Schrift JA sagt und JESUS im Glauben ergreift, der *ist* gerettet. Die Rettung durch diesen Herzensglauben an JESUS wollen wir an Hand verschiedener zentraler Schriftworte belegen:

Mk 16,16:	»Wer da glaubet und getauft wird, der wird selig werden; wer aber nicht glaubet, der wird verdammt werden.«
Joh 5,24:	»Wer mein Wort hört und glaubet dem, der mich gesandt hat, der hat das ewige Leben und kommt nicht in das Gericht, sondern er ist vom Tode zum Leben hindurchgedrungen.«
Joh 3,16:	» . . . daß alle, die an ihn glauben, nicht verloren werden, sondern das ewige Leben haben.«
Joh 11, 25–26:	»Wer an mich glaubt, der wird leben, ob er gleich stürbe; und wer da lebet und glaubet an mich, der wird nimmermehr sterben.«
Joh 20,31:	»Diese aber sind geschrieben, daß ihr glaubet, JESUS sei der CHRISTUS, der Sohn Gottes, und daß ihr durch den Glauben das Leben habet in seinem Namen.«
Apg 13,39:	»Der ist gerechtfertigt, der an ihn glaubt.«
Apg 16,31:	»Glaube an den Herrn JESUS, so wirst du und dein Haus selig.«
Röm 3,22:	»Ich rede aber von solcher Gerechtigkeit vor Gott, die da kommt durch den Glauben an JESUS CHRISTUS zu allen, die da glauben.«
Röm 3,26:	» . . . um nun zu dieser Zeit seine Gerechtigkeit zu erweisen, auf daß er allein gerecht sei und gerecht mache den, der da ist des Glaubens an JESUS.«
1 Joh 5,12:	»Wer den Sohn hat, der hat das Leben; wer den Sohn Gottes nicht hat, der hat das Leben nicht.«

Diese Schriftstellen machen deutlich, daß wir nicht dadurch gerettet werden,
- was die meisten Menschen glauben
- daß wir irgend etwas glauben
- daß wir nur ernsthaft etwas vertreten,

sondern
- an **wen** wir glauben (an JESUS),
- **was** wir von JESUS glauben (was die Schrift sagt)
- **wie** wir an JESUS glauben (von ganzem Herzen).

4.8.1 Die Grundlage des Glaubens: JESUS CHRISTUS

So wie jedes Gebäude ein tragendes Fundament benötigt, so hat Gott als Glaubensgrund JESUS CHRISTUS gesetzt: »Den (JESUS) hat Gott für den Glauben hingestellt« (Röm 3,25). Weil dies der einzige von Gott zum Glauben und zum Heil gesetzte Grund ist, sagt *Paulus:* »Einen andern Grund kann niemand legen außer dem, der gelegt ist, welcher ist JESUS CHRISTUS« (1 Kor 3,11). Der in CHRISTUS gegründete Glaube beruht darum nicht auf Menschenweisheit, sondern auf Gotteskraft (Röm 1,16; 1 Kor 2,5). Dieser Glaube ist also weder Menschenwerk noch menschliche Errungenschaft, sondern eine Gabe Gottes. Der Ruf zum Glauben ist darum immer gleichzeitig eine Predigt aus dem Worte Gottes (Röm 10,17) und ein Zeugnis von JESUS CHRISTUS: »Und er (JESUS) hat uns geboten, zu predigen dem Volk und zu bezeugen, daß er ist verordnet von Gott zum Richter der Lebendigen und der Toten. Von diesem zeugen alle Propheten, daß durch seinen Namen alle, die an ihn glauben, Vergebung der Sünden empfangen sollen« (Apg 10,42–43).

4.8.2 Stationen des Glaubens: Erfülltes Leben

Der Glaube ist nichts Statisches, das mit dem Beginn in Buße und Bekehrung eingefroren wird, sondern soll ein Leben lang dynamisch und lebendig sein. Einige Stationen des Glaubens wollen wir hier herausgreifen:

a) **Glaube im Wachstum:** Es ist immer wieder ein Wunder, wenn sich ein Mensch von ganzem Herzen zum Herrn JESUS bekehrt und dadurch Rettung findet für Zeit und Ewigkeit. Es ist ein falscher Gedanke, wenn der Betreffende nun meint: »Jetzt bin ich errettet! Nun ist alles gut! Jetzt hab ich's geschafft! Hierbei will ich es bewenden lassen!« Das wäre völlig unbiblisch; denn wenn wir den Herrn JESUS durch seine Gnade angenommen haben, dann gleichen wir einem neugeborenen Kind. Der Wiedergeborene ist – unabhängig von seinem natürlichen Alter – ein Baby im Glauben und muß zunehmen und wachsen. Darum mahnt der Apostel *Petrus:* »Wachset aber in der Gnade und Erkenntnis unseres Herrn und Heilandes JESUS CHRISTUS« (2 Petr 3,18). Der Glaube soll »zur Reife des Mannesalters, zum vollen Maß der Fülle CHRISTI« (Eph 4,13) hinkommen, so daß wir fest im Glauben und Leben stehen. Das neue Leben aus Gott verlangt rechte Speise: »Seid begierig nach der vernünftigen, lauteren Milch als die neugeborenen Kindlein, auf daß ihr durch dieselbe zunehmt« (1 Petr 2,2). Auch der schon im Glauben Gewachsene benötigt Nahrung: »Den Vollkommenen aber gehört starke Speise« (Hebr 5,14). Beides – »Milch« und »starke Speise« – finden wir in der Bibel. Wer im Glauben wachsen will, und das hat Gott verordnet, muß Bibelleser werden. Wer das tut, wird reich gesegnet. Einige Zeugnisse zur Bibel sollen uns hilfreich sein: *M. Luther:* »Die Bibel ist nicht antik, auch nicht modern, sie ist ewig.« *M. Hausmann:* »Es ist zwar von Menschen geschrieben, aber nicht von Menschen erdacht. Man nennt es auch das Buch der Bücher. In ihm steht in aller Nüchternheit und Unmißverständlichkeit die Wahrheit über den Menschen verzeichnet, seine Herrlichkeit und seine Kläglichkeit, sein Edelmut und seine Niedertracht, sein Traum und seine Laster. Weil es den Menschen entidealisiert, so realistisch, so wahrheitsgetreu sieht, verdient auch die Botschaft, die es außerdem und eigentlich sagt, Vertrauen.« Zu einem gesunden Wachstum im Glauben gehören ebenso Gebet und Gemeinschaft mit anderen Gläubigen.

b) **Glaube im Gehorsam:** Unsere Liebe zu JESUS offenbart sich im Gehorsam ihm gegenüber. Der Gehorsam ist die sichtbare Frucht des Herzensglaubens. Er ist ein Beweis dafür, daß Aufrichtigkeit, Kraft und Leben im Glauben sind. Die Bibel sagt uns: »Man muß Gott mehr gehorchen als den Menschen« (Apg 5,29).Dieser Gehorsam befreit von aller Menschenfurcht und führt zur »herrlichen Freiheit der Kindes Gottes«. Glaube und Gehorsam sind so eng miteinander verknüpft, daß der Herr JESUS den Gehorsam sogar als Voraussetzung zur Erkenntnisgewinnung biblischer Lehre hinstellt: »Meine Lehre ist nicht mein, sondern dessen, der mich gesandt hat; wenn jemand seinen Willen tun will, wird er erkennen, ob die Lehre aus Gott ist« (Joh 7,16–17; Zürcher). Wer nicht zum Gehorsam bereit ist, wird den Glauben nie erfahren. So konnte *D. Bonhoeffer* sagen: »Nur der Gehorsame glaubt, und nur der Glaubende gehorcht.« Wenn wir sagen, wir lieben Gott und halten seine Gebote nicht und vertrauen seinem Wort nicht, so ist unser Dasein eine gelebte Lüge. Gott prüft unsere Liebe und unseren Glauben am Halten seines Wortes: »Denn das ist die Liebe zu Gott, daß wir seine Gebote halten, und seine Gebote sind nicht schwer« (1 Joh 5,3). So sehen wir z. B. in der Erscheinung des »theistischen Evolutionismus« [4] einen Ungehorsam gegenüber dem Worte Gottes.

c) **Glaube in der Anfechtung und im Kampf:** Der Glaubende befindet sich in dieser Welt gleichsam in Feindesland. Unsere Umgebung ist in ihrem Denken und Handeln weitgehend durch den Unglauben geprägt, denn »der Gläubigen ist wenig unter den Menschenkindern« (Ps 12,2). So hat sich der Glaube in der Anfechtung zu bewähren: »Seid nüchtern und wachet; denn euer Widersacher, der Teufel, geht umher wie ein brüllender Löwe und sucht, welchen er verschlinge. Dem widerstehet, fest im Glauben« (1 Petr 5,8–9). Die Anfechtung selbst ist keine Sünde. Wer die Anfechtung erduldet und sich darin bewährt, wird seliggepriesen (Jak 1,12).

Von Kind auf hatte ich besondere Freude an Sonnenblumen. Als wir in einem Jahr an mehreren Stellen des Gartens Sonnenblumenkerne gesetzt hatten, wurden mir die heranwachsenden Pflanzen zum Gleichnis. Einige wuchsen ganz in der Nähe des Hauses unter einem Überdach heran, so daß sie weitgehend vom Wind verschont blieben. Diese wuchsen sehr rasch und erreichten mit ihren dünnen Stämmen über 3 m Höhe. Andere standen frei und wurden sehr früh vom Wind »angefochten« und waren durch einen entsprechend kräftigen Stamm und ein breites Wurzelwerk gefestigt. Als nun eines Tages ein heftiger Sturm aufkam, brachen oder kippten die in Hausnähe »wohlbehüteten« Sonnenblumen, während die freistehenden dem Sturm mit Leichtigkeit standhielten, denn sie waren in der »Anfechtung« bewährt. So wird auch der in der Anfechtung erprobte Glaube fest und standhaft.

Die in *Bild 9* dargestellten »feurigen Pfeile des Bösen« (Eph 6,16) können wir mit dem Schild des Glaubens auslöschen, so daß sie unwirksam sind. *Paulus* gibt den Rat: »Kämpfe den guten Kampf des Glaubens« (1 Tim 6,12). Die Ideologen bekämpfen sich untereinander, der Kampf des Glaubens ist von anderer Art, er geschieht im Zeugnis und Dienst in und vor dieser Welt.

Während einer Evangelisation in Braunschweig mit *Richard Kriese* (»evangelia«) wurde ein Jesusmarsch in der Innenstadt durchgeführt. Der Zeugnismarsch mit etwa 300 Gläubigen endete auf dem Burgplatz vor dem Dom. Als wir den Platz erreichten, standen sich gerade Demonstrationsgruppen der NPD und der Kommunisten gegenüber. Nur dadurch, daß ein größeres Polizeiaufgebot anwesend war, wobei die Ordnungshüter mit ihren Schutzschilden eine enge Kette bildeten, konnte eine Schlägerei unter den verfeindeten Ideologen verhindert werden. Der Wechsel von gebrüllten Parolen und schrillem Pfeifkonzert bot eine einzige Demonstration des Hasses. Auf der Domseite des Burgplatzes formierte sich dann der Jesusmarsch zu seinem Chor. Mehrere Heilslieder wurden angestimmt, die von der Liebe Gottes und der Vergebungskraft JESU kündeten. So wurde uns deutlich: Im Kampf des Glaubens haben wir einer verlorenen Welt das Evangelium zu bezeugen und anzubieten.

d) **Glaube im Sieg:** Wenn wir vom Sieg reden, müssen wir zuerst den Sieger nennen: Es ist JESUS CHRISTUS! Sein Wort am Kreuz »Es ist vollbracht!« hat die Situation dieser Welt grundlegend verändert. Die finsteren Mächte sind besiegt. Seit der glorreichen Auferstehung JESU gilt nun »Der Tod ist verschlungen in den Sieg« (1 Kor 15,55) und »Durch seinen Tod nahm er die Macht dem, der des Todes Gewalt hatte, das ist der Teufel« (Hebr

2,14). Die Auferstehung JESU von den Toten ist das Siegel des Sieges. Warum? Eine Begebenheit aus der europäischen Geschichte mag das verdeutlichen helfen:

Im Jahre 1815 errangen die Verbündeten bei Belle-Alliance den Sieg über *Napoleon,* der fast ganz Europa beherrschte. In einem Privatbrief schrieb der Feldmarschall *Gneisenau* über den errungenen Sieg. Auf dem Umschlag des Briefes hatte er vermerkt: »Bitte das Siegel beachten!« Dieses Siegel war nämlich ein Abdruck des Siegels *Napoleons,* das man am Abend der Schlacht in seinem erbeuteten Wagen gefunden hatte. So mußte der Verlierer *Napoleon* seinen eigenen Untergang gleichsam besiegeln.

Der Tod war das Siegel der finsteren Mächte, ein Machtkennzeichen, ein Siegel des Teufels. Durch den Tod JESU und seine glorreiche Auferstehung hat er den Widersacher besiegt. Das Zeichen der Macht hat JESUS; er hat die Schlüssel der Hölle und des Todes. In diesen Sieg JESU ist unser Glaube einprogrammiert. Die Koppelung unseres Glaubens an den Auferstehungssieg JESU ist so eng, daß *Paulus* sagen kann: »Ist aber CHRISTUS nicht auferstanden, so ist unsere Predigt vergeblich, so ist auch euer Glaube vergeblich« (1 Kor 15,14). Er aber ist wahrhaftig auferstanden, und darum steht auch unser Glaube im Sieg. Jemand sagte einmal: Wenn wir im Glauben gesund sind, sind wir unbesiegbar! Diese Siegeszuversicht, die nicht im Eigenen liegt, sondern in der Bindung an den Sohn Gottes begründet ist, ruft der Apostel *Johannes* uns zu: »Unser Glaube ist der Sieg, der die Welt überwunden hat« (1 Joh 5,4).

5. Die Menschen ohne Evangelium: Gerettet oder verloren?

Die Ausführungen des vorigen Kapitels haben gezeigt, daß bei der Verkündigung des Evangeliums für diejenigen Menschen Rettung geschieht, die es annehmen. Eindeutig ist die Lage auch für den Rest, der es nicht annimmt, denn das Wort Gottes ist ein scharfes Schwert, das Verlorene und Gerettete voneinander scheidet. Es bleibt noch eine uns bewegende Frage übrig: Was ist mit denen, die es nie zu hören bekamen und den Weg eigener oder keiner Religion gingen?

Wenn es eine Hoffnung für die Heiden gibt, dann müßten solche Aussagen in der Bibel zu finden sein, denn »der Herr tut nichts, er offenbare denn sein Geheimnis« (Am 3,7). Wir stellen fest, daß es eine Reihe von nicht biblisch begründbaren Heilslehren gibt, die über den in Kapitel 4 beschriebenen biblischen Weg hinausgeht. Wir könnten uns freuen, wenn Gott noch andere Möglichkeiten eröffnet hätte, da wir auf diese Weise manchen Trost weitergeben könnten und die nicht getane Mission weniger auf uns lasten würde. Infolgedessen müssen wir die gelegentlich genannten Möglichkeiten prüfen, inwieweit die Bibel solche Lehren stützt und was menschliches Zutun, d. h. spekulative Komponente, ist.

5.1 Verkündigung im Totenreich: Eine Chance danach?

Es gibt eine Lehre, die besagt, daß es im Totenreich noch eine Evangeliumsverkündigung geben soll. Danach erhalten die Menschen eine Gelegenheit zur Entscheidung, die sie entweder zu Lebzeiten nicht hatten oder die sie damals verwarfen. Von *Johann Christoph Blumhardt* wird berichtet, daß er als Pfarrer in der Sakristei seiner Kirche den Verstorbenen gepredigt hat. Als Beleg solcher Lehre dienen zwei Textstellen des Neuen Testaments: Epheser 4,8–10 und 1. Petrus 3,18–20. Mit diesen Texten wollen wir uns nun beschäftigen und prüfen, was dort ausgesagt wird.

5.1.1 Die Textstelle Epheser 4,8–10

Epheser 4,8–10: »Darum heißt es (Ps 68,19): ›Er ist aufgefahren in die Höhe und hat das Gefängnis gefangengeführt und hat den Menschen Gaben gegeben.‹ Daß er aber aufgefahren ist, was ist das anderes, als daß er auch hinuntergefahren ist in die untersten Örter der Erde? Der hinuntergefahren ist, das ist derselbe, der aufgefahren ist über alle Himmel, auf daß er alles erfülle.«

Diese Aussagen empfanden schon die frühen Christen als wichtig, und so heißt es im Apostolischen Glaubensbekenntnis von JESUS CHRISTUS:

»... gekreuzigt, gestorben und begraben,
hinabgestiegen in das Reich des Todes,
am dritten Tage auferstanden von den Toten,
aufgefahren in den Himmel ...«

Aus der o. a. Textstelle des Epheserbriefes können wir keinerlei Verkündigungstätigkeit JESU im Totenreich entnehmen. Darüber sagt der Text absolut gar nichts, hingegen wird der Sieg JESU in seiner unermeßlichen Spannweite herausgestellt: Er hat alles durchschritten von der tiefsten Tiefe bis hinauf in den Himmel, um seine Herrschaft über alles einzunehmen. Kolosser 2,15 bezeichnet diesen Sieg als einen Triumph über **alle** Mächte: »Er hat die Reichen und die Gewaltigen ihrer Macht entkleidet und sie öffentlich zur Schau gestellt und hat einen *Triumph* aus ihnen gemacht in CHRISTUS.« Nach der Kreuzigung war der Herr drei Tage und drei Nächte im Schoß der Erde (Mt 12,40), von der letzten und untersten Tiefe, dem Hades, ist er dann in die Höhe hinaufgefahren. Er allein hat die Schlüsselgewalt über Tod und Totenreich (Offb 1,18). In seinen glorreichen *Sieg* ist jede nur erdenkliche Macht verschlungen (1 Kor 15,55). Ihm ist wirklich »gegeben alle Gewalt im Himmel und auf Erden« (Mt 28,18). Vor diesem *König aller Könige* muß sich alles beugen und unterordnen. Auch wenn jetzt noch mancherlei Mächte wirksam sind, vor diesem Herrn wird einmal alles niederfallen, so »daß in dem Namen JESU sich beugen sollen aller derer Knie, die im Himmel und auf Erden und unter der Erde sind« (Phil 2,10).

5.1.2 Die Textstelle 1. Petrus 3,18–20

Wir wählen hier die grundtextnahe Übersetzung von *Franz Eugen Schlachter:* »CHRISTUS ... wurde getötet nach dem Fleisch, aber lebendig gemacht nach dem Geist, in welchem er auch hinging und den Geistern im Gefängnis predigte, die einst nicht gehorchten als Gottes Langmut zuwartete in den Tagen *Noahs,* während die Arche zugerichtet wurde, in welcher wenige, nämlich acht Seelen, hindurchgerettet wurden durchs Wasser.«

Dieser Text gehört zu den schwierigsten des Neuen Testaments. Er ist kaum bearbeitet worden und hat andrerseits zu einer Fülle spekulativer Aussagen geführt, die weit über das Gesagte hinausgehen. So wollen wir in derselben Zurückhaltung bleiben, die der Text uns auferlegt. Erschwerend wirkt, daß es keine Parallelstelle hierzu gibt. So blieb auch für *Luther* manches in Dunkel gehüllt: »Das ist ein wunderlicher Text und finster Spruch, als nur hier im Neuen Testament ist, daß ich nicht gewiß weiß, was St. *Peter* meinet.«

Wir stellen fest, daß im griechischen Grundtext die Worte für »hinging« *(poreutheis)*, »predigte« *(ekeeryxen)* und »nicht gehorchten« *(apeitheesasin)* in der grammatischen Zeitform des Aorist ausgedrückt sind, d.h., es handelt sich um eine in der Vergangenheit geschehene und abgeschlossene Sache. »Geister im Gefängnis« sind die Geister der Verstorbenen im Totenreich. Sie sind nach dem Zeugnis der Schrift nicht inaktive Wesen oder gar ausgelöschte Nichtse, sondern befinden sich in realer Existenz und sind mit vollem Erinnerungs- und Wahrnehmungsvermögen behaftet (Lk 16,23). Wir wollen zwei Auslegungsmöglichkeiten darlegen, wobei wir die erstere sehr ausgiebig behandeln wollen, weil wir sie für diejenige halten, die dem Gesamtzeugnis der Schrift angemessen erscheint:

I) Predigt im *»Geist CHRISTI«* (1 Petr 1,11) zu Lebzeiten des Sintflutgeschlechts

II) Predigt durch JESUS CHRISTUS im Totenreich dem damaligen Sintflutgeschlecht.

Auslegung I: Den ungehorsamen Zeitgenossen *Noahs* wurde zu ihren Lebzeiten gepredigt. Sie hörten 120 Jahre den Bußruf des

»Predigers der Gerechtigkeit« (2 Petr 2,5), der im *»Geist CHRISTI«* (1 Petr 1,11) zur Umkehr mahnte. Sie blieben trotz der Langmut Gottes ungehorsam. Nun befinden sie sich im Totenreich und werden zum Gericht behalten wie alle Gottlosen (2 Petr 2,3–6). Auch in der rabbinischen Tradition galt das Sintflutgeschlecht als restlos und endgültig verloren. Verkündigung ist ihrem Wesen nach immer auch Heilsangebot. Da Verlorene schon unter dem Urteil stehen, wäre eine erneute Verkündigung dem Sintflutgeschlecht gegenüber nicht sonstiger biblischer Lehre gemäß. Diese Schlußfolgerung wird auch durch den anschließenden Text von 1. Petrus 4,5–6 gestützt: »Sie werden aber dem Rechenschaft geben müssen, der bereit ist, zu richten die Lebendigen und die Toten. Denn dazu ist auch Toten das Evangelium verkündigt worden, daß sie gerichtet werden als Menschen am Fleisch, aber Gott gemäß leben im Geist.« Auch hier steht die grammatische Form des Aorist, d.h., den jetzt Toten ist in der Vergangenheit zu einem bestimmten Zeitpunkt während ihres Lebens gute Botschaft verkündigt worden. Die besprochenen Texte machen somit keine Aussage darüber, daß das Evangelium weder jetzt den Toten verkündigt wird, noch daß es später geschehen wird.

Ein weiterer Gesichtspunkt scheint uns für die Deutung des o.g. Textes wichtig zu sein. Warum werden hier gerade die Zeitgenossen *Noahs* genannt? Dazu wollen wir die zwei Sichtweisen A und B betrachten, wobei wir für B eintreten.

A. Hinweis auf Verkündigung im Totenreich: Wenn dieser Text uns darauf hinweisen wollte, daß es noch eine allgemeine Verkündigung im Totenreich gäbe, dann würde dort stehen »so hat CHRISTUS den Geistern im Gefängnis das Evangelium gepredigt, die zu Lebzeiten nicht das Wort Gottes hörten« oder »CHRISTUS hat den Geistern im Gefängnis das Evangelium gepredigt, die zu Tyros und Sidon lebten«. Die Letztgenannten hatten im Gegensatz zu dem Sintflutgeschlecht keinen Prediger. Auch *der Reiche* aus Lukas 16,19–31, der im Totenreich »Vater *Abraham*, erbarme dich mein«, ausruft, erhält keinen Hinweis auf eine noch zu erwartende Verkündigung mit Entscheidung und Erlösung. Ganz im Gegenteil, sein Existenzzustand wird auf sein Verhalten zu Lebzeiten auf der Erde zurückgeführt. So sehen wir für die spezielle Nennung des Sintflutgeschlechts einen anderen Grund:

B. Das Sintflutgericht als Paradebeispiel für Warnung: Das Sintflutgericht wird im Neuen Testament mehrfach aufgegriffen und dient als markantes und mahnendes Beispiel. In 2. Petrus 2,4–7 werden uns Verdammte und Errettete gegenübergestellt. Drei Beispielgruppen von Verlorenen sind herausgehoben:

- die gefallenen Engel;
- das Sintflutgeschlecht;
- die Bewohner von Sodom und Gomorrha.

Im Sintflutgericht wurden nur acht Seelen gerettet und aus dem Feuergericht der beiden Städte nur *Lot* und seine beiden Töchter. Diese Geschehnisse wollen uns eine tiefe Lehre erteilen, nämlich:

- »Damit ist ein Beispiel gesetzt den Gottlosen, die hernach kommen würden« (2 Petr 2,6). Sowohl Heils- als auch Gerichtswort Gottes haben unbedingte Erfüllung zur Folge.
- Die Beispiele zeigen, daß Gottes Gerichte stattfinden, auch wenn sich nur eine winzige Minderheit erretten läßt. Der Ernst des Gotteswortes darf durch nichts überspielt werden.

Auch der Herr JESUS benutzt die beiden Gerichte »zu den Zeiten *Noahs*« (Lk 17,26) und »zu den Zeiten *Lots*« (Lk 17,28) als warnende Beispiele, wie es sein wird zur Zeit seiner Wiederkunft. Die Menschen werden dann genau wie jene so sehr beschäftigt sein mit den alltäglichen Dingen wie »essen, trinken, kaufen, verkaufen, pflanzen, bauen«, daß sie darüber Gott vergessen. Auch über dem zukünftigen Gericht wird dann die gleiche Aussage stehen wie über diesen beiden Situationen: » . . . und brachte sie alle um« (Lk 17,27 + 29). Nur die durch den Glauben errettete Schar kommt durch. Das galt zur Zeit *Noahs* und gilt auch zu unserer Zeit.

In den Gerichten der Vergangenheit weist Gott besonders auf die Erretteten hin. So gehört zu unserem betrachteten Text aus

1. Petrus 3,18–20 auch der folgende Vers 21 mit dazu: »Was jenen da widerfahren ist, das geschieht nun in der Taufe zu eurer Errettung. Denn in der Taufe wird nicht die Unreinigkeit am Fleisch abgetan, sondern wir bitten Gott, daß er uns ein gutes Gewissen schenke durch die Auferstehung JESU CHRISTI.« Gerettet wird nur, wer auf Gottes Ruf hört, wer gehorsam ist und zum Rettungs- und Bergungsort herzukommt. Damals wurden acht Seelen »hindurchgerettet durch das Wasser«. Die von Gott verordnete Arche zur Rettung wurde vom Wasser getragen, dennoch war nicht das Sintflutwasser das eigentlich Rettende, sondern der Gehorsam gegenüber Gott. Arche und Wasser stehen als Synonym für Rettung. So hat die Taufe im Neuen Bund eine Entsprechung zu jenem alttestamentlichen Geschehen. Wer sein altes Leben kreuzigt, sich ganz CHRISTUS ausliefert und in den Tod CHRISTI getauft (Röm 6,3ff.) wird, der ist errettet. Auch hier ist nicht das Taufwasser das eigentlich Rettende, sondern es steht auch hier symbolhaft für Rettung. So bekommt der Text aus 1. Petrus 3,18–20 einen weiteren Bezug: Die neutestamentliche Taufe erhält ein begründendes Abbild im Rettungsgeschehen jener acht Seelen vor dem Gericht der Sintflut.

Auslegung II: Nach dem Sterben JESU am Kreuz war er nicht untätig. »CHRISTUS als Geist« oder »CHRISTUS im Geist« (nach Wuppertaler Studienbibel) proklamiert seinen Sieg auch in der Totenwelt. Den Geistern im Gefängnis wurde verkündigt, wörtlich »geheroldet«. Über den Inhalt der Botschaft wird nichts gesagt. Es wird nicht mitgeteilt, daß es eine Verkündigung zur Entscheidung, d.h. ein Heilsangebot, war. Nach den Darlegungen von Auslegung I schließen wir eine Deutung als Bußruf im Totenreich aus.

Fassen wir zusammen: Nach dieser Betrachtung der Texte können wir kurzgefaßt folgendes sagen:

- CHRISTUS ist zwischen Kreuzigung und Auferstehung auch in die Tiefe des Totenreiches hinabgestiegen (Mt 12,40; Röm 10,7; Eph 4,8–10). Über die Art der Tätigkeit schweigt die Bibel völlig. Aus den Texten in 1. Korinther 15,55 + 57; Kolosser 2,15 und Offenbarung 1,18 folgern wir, daß es sich hierbei wohl um eine Proklamation des glorreichen Sieges JESU handelte.

- Eine Verkündigung im Totenreich zwecks Heilsverkündigung können wir aus den spärlichen Textandeutungen nicht entnehmen. *Petrus* kennzeichnet die Zeitgenossen *Noahs* »als ungehorsam«. Nur von Leuten, die eine gewisse Kenntnis des Willens Gottes hatten, läßt sich das sagen. Die Langmut Gottes wartet ab. Sie erhielten eine ungewöhnlich lange Frist zur Umkehr, aber sie blieben hart, und das vermehrt die Schuld der Leute. Die Warnung Gottes hatten die Menschen zu den Zeiten *Noahs* als ein sichtbares Zeichen ständig vor Augen: den Bau der Arche. Sie hielten lange Zeit (120 Jahre) am Ungehorsam fest. Erst dann, als sie ihre Sünde durch eine lange Unbußfertigkeit vollendet hatten, kam das Urteil Gottes zum Vollzug. Ihre Chance ist nun vertan.
- Wir stimmen dem Kommentar zu, der in der *Scofield*-Bibel zu 1. Petrus 3,19 angegeben ist: »Das bedeutet, daß CHRISTUS durch den Heiligen Geist und durch *Noah* in den Zeiten des Alten Testamentes zu ungeretteten Menschen sprach (1 Petr 1,10–11), deren Geister jetzt im Gefängnis sind. Die Theorie, daß der Herr JESUS nach Seiner Kreuzigung den ungeretteten Toten im Totenreich gepredigt hat und ihnen noch eine zweite Gelegenheit gab, findet sich nicht in der Schrift.«

5.2 Die Allversöhnung: Rettung ohne Ausnahme?

Die Allversöhnungslehre behauptet, daß schließlich alle Menschen selig werden. Wenn JESUS sagt, der breite Weg führt zur Verdammnis, so sagen die Allversöhner, nein, er führt schließlich doch zum Leben und hat dasselbe Ziel. JESUS sagt von *Judas*: »Es wäre ihm besser, daß derselbe Mensch nie geboren wäre« (Mt 26,24). Hätte der Herr das gesagt, wenn *Judas* doch noch eine Ewigkeit im Himmel vor sich hätte? In genauer Übersetzung sagt der Herr vom Verräter: »Gut wäre es *ihm*, wenn er nicht geboren wäre, jener Mensch!« Aber die Allversöhner übersetzen hier so: »Schön wäre es *Ihm* (nämlich JESUS!) wenn er nicht geboren wäre, jener Mensch (nämlich *Judas*).« Durch eine geringfügige Veränderung (Großschreiben des Wortes »ihm«) ist der Sinn völlig verdreht. So unterstellt man dem Herrn JESUS lieber eine Aussage, die in das vorgefertigte System paßt, als daß man sich demütigt und vor dem Wort beugt. Die Fehlübersetzung legt JESUS denselben Wortsinn in den Mund, wie *Petrus* es sagte, als der Herr den Jüngern sein Leiden ankündigte: »Das widerfahre dir nur nicht!« (Mt 16,22). JESUS antwortete darauf: »Hebe dich, Satan, von mir! Du bist mir ein Ärgernis; denn du meinst nicht, was göttlich, sondern was menschlich ist« (Mt 16,23).

Die Allversöhnungslehre argumentiert immer in menschlich eingängigen Formulierungen, wenn sie sagt, es sei ungerecht, Menschen für die Ewigkeit zu strafen, obwohl sie »nur« in der Zeit gesündigt haben. Niemand kann mit Gott rechten (Röm 9,20). Nur Gott kann uns mitteilen, wie schwerwiegend Sünde wirklich vor ihm ist. *René Pache* bemerkt dazu [13]: »Der Sündenfall *Adams* und das Kreuz CHRISTI sind beide zeitlich sehr begrenzte Ereignisse und haben doch unendliche Folgen.«

Eine zentrale Rolle im Deutungsgefüge der Allversöhnungslehre spielt die Umwertung des Ewigkeitsbegriffes auf eine zeitlich begrenzte Spanne. Im Grundtext des Neuen Testamentes steht für das Adjektiv »*ewig*« das Wort »*aiônios*« und für das Substantiv »*Ewigkeit*« das Wort »*aiôn*«. Obwohl es im Neuen Testament Sinnzusammenhänge gibt, in denen diese Wörter in zeitlich begrenzender Weise zu verstehen sind (z. B. Lk 1,70: » . . .wie er vorzeiten geredet hat . . .«), so ist im allgemeinen eine endlose Dauer gemeint. *René Pache* [13] stellt fest, daß »*ewig*« 64mal auf himmlische Wirklichkeiten angewendet wird (z. B. der ewige Gott, das ewige Reich, das ewige Leben, die ewige Herrlichkeit), und 7mal steht dasselbe Wort im Zusammenhang mit der Verdammnis (z. B. ewiges Feuer, ewige Pein). In Matthäus 25,46 gebraucht der Herr JESUS dasselbe Adjektiv für das *ewige Leben* und für die *ewige Pein* und bringt damit in beiden Fällen die Gleichartigkeit der ewigen Dauer zum Ausdruck. Die Allversöhnungslehre reduziert nun die Ewigkeit der Hölle auf eine zeitlich begrenzte Strafe, indem sie in allen derartigen Fällen mit einem endlichen Äonenbegriff operiert. Wir wollen eindringlich davor warnen, die Bibel so zu lesen, um eine Rückendeckung für die vorgefaßte Lehre zu finden.

Die Allversöhnungslehre halten wir für ein gefährliches Schlafpulver. Sie lähmt den Rettungsauftrag der Evangelisten und Missionare und verharmlost den Ungläubigen den Ernst der Ewigkeit. Die Bibel sagt uns, daß das Urteil des Jüngsten Gerichtes endgültig und unwiderruflich ist, es hat Ewigkeitscharakter.

Bild 11 verdeutlicht die List des Teufels, des Vaters der Lüge, des Lügners von Anbeginn, des Widersachers, der »umhergeht wie ein brüllender Löwe und sucht, welchen er verschlinge« (1 Petr 5,8). Das grundsätzliche Verführungsmuster »Sollte Gott gesagt haben?« (1 Mose 3, 1) hat sich nie geändert, aber die Art des Angriffs ist für jeden individuell angepaßt. Auch JESUS wurde von dem Teufel versucht. An JESU Sohnschaft Gottes gab es nichts zu deuteln, und so begann er seine List mit den Worten: »Bist du Gottes Sohn, so ...« (Mt 4, 3). Nur JESUS widerstand aller Versuchung, indem er sich felsenfest auf das Wort Gottes gründete: »Es steht geschrieben!« So hat der Teufel für jeden eine spezielle Methode der Verführung:

- Die Frommen auf fromme Weise.
- Die Nichtfrommen auf unfromme Weise.
- Die Heiden werden in ihrem Götzendienst bestärkt.
- Die Atheisten werden in ihrer Gottlosigkeit durch entsprechende Lehren unterstützt.

Den **Bibelgläubigen** kann der Teufel nicht die Bibel nehmen, darum lautet hier die Taktik: Die ganze Bibel gilt, aber der Sinn des Wortes wird verändert oder ins Gegenteil verkehrt. So ist die Allversöhnungslehre ein solcher Schachzug des Bösen, der da vorgaukeln will: »Irgendwann einmal kommen **alle** in den Himmel.« Christen, die in dieser Lehre gefangen sind, kann man nur zur Umkehr bitten und zu nüchternem und wachsamem Verhalten.

Den **Bibelkritikern** hat der Teufel die Bibel teilweise oder schon völlig genommen. Sie vertrauen ihren eigenen Theorien mehr als dem Wort Gottes. Sie ermächtigen sich selbst, dieses Wort zu korrigieren, zu kritisieren, zu entmythologisieren und zu entleeren. Sie werden dem Wort Gottes ungehorsam (1 Sam 15,23). Sie glauben an eine *theistische Evolution* [4], an ein »Tier-

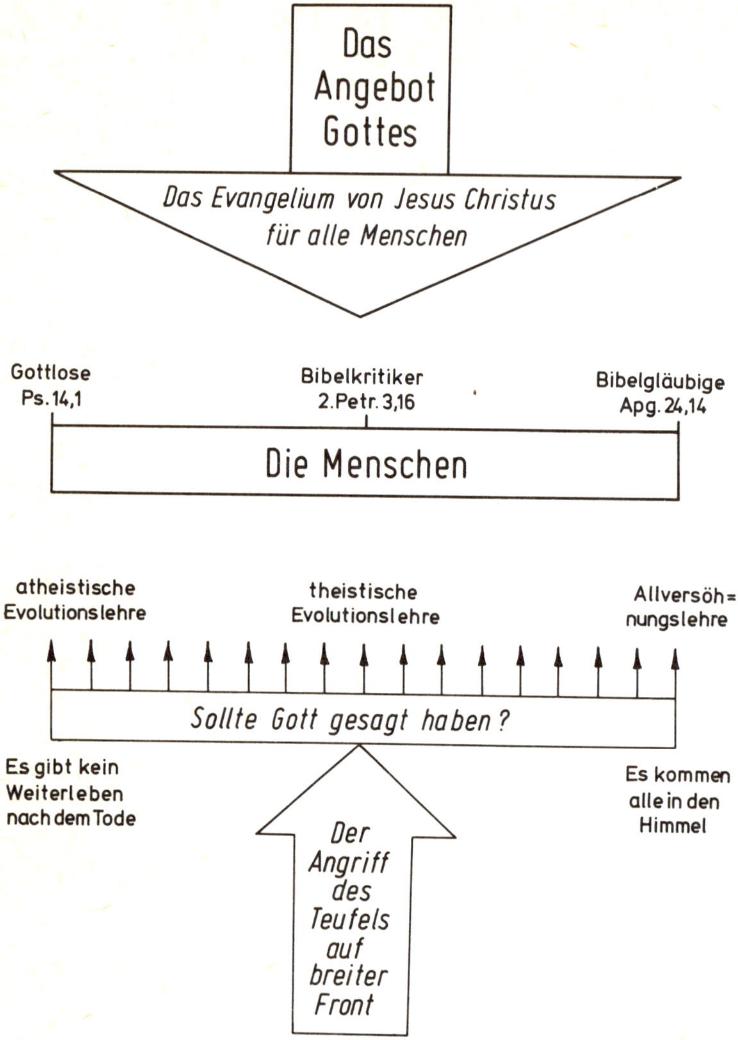

Bild 11: Die Situation des Menschen in der Spannweite von der Gottlosigkeit bis zum biblischen Glauben. Allen wird das rettende Evangelium angeboten, und alle befinden sich in der Versuchung »Sollte Gott gesagt haben?« Der Mensch steht in der Freiheit der Entscheidung.

Mensch-Übergangsfeld« in der Evolution und markieren den Tod nicht mehr als der Sünde Sold.

Den **Gottlosen** hat der Teufel die Bibel zu einem bedeutungslosen Buch entwertet. Sie messen diesem Buch zwar einen gewissen literarischen Wert bei, aber die Kraft Gottes leugnen sie. So greifen sie z. B. nach dem Angebot der Evolutionslehre und meinen damit, die uns alle bewegende Frage nach der Herkunft der Welt und des Lebens beantwortet zu haben. *Paulus* sagt, daß der Verführer ihnen »den Sinn verblendet hat, daß sie nicht sehen das helle Licht des Evangeliums von der Herrlichkeit CHRISTI« (2 Kor 4, 4).

Den **nichtevangelisierten Heiden** bietet der Teufel Religion in Hülle und Fülle an. Er bindet sie in Geisterglauben und Götzendienst, so daß die Menschen anbeten »die bösen Geister und die goldenen, silbernen, ehernen, steinernen und hölzernen Götzen, welche weder sehen noch hören noch wandeln können« (Offb 9, 20).

5.3 Die Gnade Gottes: Reichweite ohne Grenze?

Wir müssen uns nun mit einer Auffassung auseinandersetzen, die so argumentiert: Es gibt viele Menschen, die ohne ihr Verschulden nichts oder nur in verwässerter oder entstellter Weise von JESUS CHRISTUS gehört haben. Wie kann Gott Menschen verdammen, die nie voll im Wirkungsbereich des Evangeliums gestanden haben? Nein, die Tür bleibt nicht gewaltsam vor denen verschlossen, die seinen Namen nie zu hören bekamen. Die Gnade Gottes muß doch weitreichender sein als bis an jene Orte, wohin das Evangelium gelangte.

G.D. Ladds gibt hierauf folgende Antwort [15]: »Nein, wir schlagen die Tür nicht gewaltsam zu vor jenen Millionen, die den Namen JESU nie gehört haben . . . Wir betonen aber, daß nur das Kreuz und die Auferstehung uns zu retten vermögen. Wir betonen ferner, daß die nichtchristlichen Religionen jeder rettenden Wahrheit entbehren. Es können jedoch Menschenherzen, die die Frohe Botschaft nie vernahmen, sich nach Gott ausgestreckt (Apg 17,27), nach dem ewigen Leben getrachtet haben (Röm 2, 7).

Diese haben die wahre Beschneidung im Geist, und ihnen eignet Gott die Erlösung durch JESUS CHRISTUS zu. Wie vielen, wissen wir nicht.« Diese Ansicht findet offensichtlich eher Anhalt in der Schrift als die vorher erwähnten. Die Gnade Gottes hat eine unbegrenzte örtliche Reichweite (Ps 108, 5), d. h., wir können uns in der Mondrakete ebenso bekehren wie in einem 1000 m tiefen Bergwerksstollen, und doch ist sie andererseits so eng, daß wir sie unversehens verpassen können (Hebr 12, 15). In JESUS ist die heilsame Gnade Gottes personhaft erschienen. Im Sohn Gottes hat die Reichweite der Gnade Gottes ihr absolutes Maß erhalten: »Wer den Sohn hat, der hat das Leben; wer den Sohn Gottes nicht hat, der hat das Leben nicht« (1 Joh 5, 12). Wenn wir diese biblische Eichmarke verschieben, machen wir Gott zum Lügner (1 Joh 5, 10).

Halten wir fest: Von uns aus dürfen, können und wollen wir der Barmherzigkeit Gottes keine Grenze setzen. Die Gnade Gottes reicht weiter, als wir zu denken vermögen, aber dennoch nicht weiter, als die Schrift sie bezeugt, denn Gottes Wort bleibt unverbrüchlich, sowohl im Gericht als auch in der Gnade.

5.4 Die Heiden im Gericht: Maßstäbe der Beurteilung

Heiden, denen die Botschaft der Bibel nicht gesagt wurde, haben dennoch zwei Erkenntnisquellen: die **Schöpfung** (Röm 1,20) und das **Gewissen** (Röm 2,15). Die Schöpfung bezeugt ihnen, daß ein Gott ist und das Gewissen, die von Gott geschenkte innere Stimme, sagt: Dies ist recht und jenes ist falsch. Tut der Mensch etwas Unrechtes, so läßt das Gewissen ein Gefühl von Schuld und Verurteilung aufkommen. Gott hat sich somit den Heiden nicht unbezeugt gelassen (Apg 14, 17). Entgegen der Warnung des Gewissens zu handeln ist Sünde. Wer beharrlich sündigt, stumpft das Gewissen mehr und mehr ab. Das geht so weit, bis das Gewissen abgetötet ist und nicht mehr reagiert. So gibt es Leute, die so gewohnheitsmäßig lügen, daß es ihnen selbst gar nicht mehr bewußt wird. Andere wiederum verwenden ihre religiösen Bräuche als Mittel zur Betäubung des Gewissens.

Leben die Heiden nun nach ihrem Gewissen? Der römische Dichter *Q.H.F. Horaz* (65–8 v. Chr.) bezeugte: »Ich sehe einen besseren Weg, aber ich folge dem schlechteren.« Der bekannte Chinamissionar *Hudson Taylor* (1832–1905) stellte nach lebenslanger Erfahrung im Umgang mit den Heiden Chinas fest, daß er keinen Chinesen gefunden habe, der von sich behauptete, ganz nach seiner Erkenntnis gelebt zu haben. Diese Situation beschreibt auch *Paulus* in Römer 3:

- Alle sind unter der Sünde.
- Da ist keiner, der gerecht sei.
- Da ist keiner, der verständig sei.
- Da ist keiner, der nach Gott frage.
- Sie sind alle abgewichen.
- Sie sind allesamt untüchtig geworden.
- Da ist keiner, der Gutes tue.
- Es ist keine Furcht Gottes bei ihnen.

So sind die Heiden wie alle anderen Menschen weit davon entfernt, ihrer Erkenntnis gemäß zu handeln. Da das nötige Wissen in ihnen ist, sind sie auch verantwortlich für ihr Tun. Wir wollen uns nun die in der Schrift offenbarten Maßstäbe näher ansehen, wobei der Grundsatz »Gott verdammt niemand mit Unrecht« (Hiob 34, 12) gilt.

Dem Maß der Erkenntnis gemäß: Daß die nicht evangelisierten Heiden eine geringere Verantwortung tragen als jene Menschen, die das Licht des Evangeliums empfingen, ist klar. Wer die Botschaft hörte, hat somit einen anderen Status vor Gott: Er hatte die Chance der Rettung. Wenn er diese nicht wahrnimmt, ist das Urteil um so schwerer. Der Herr sagt in Lukas 12, 48: »Denn welchem viel gegeben ist, bei dem wird man viel suchen, und welchem viel befohlen ist, von dem wird man viel fordern.« JESUS spricht von unterschiedlichen Graden der Verlorenheit. Auch *Paulus* macht einen Unterschied zwischen denen, die »*unter* dem Gesetz« gesündigt haben, und solchen, die es »*ohne* das Gesetz« getan haben. Da Gott ohne Ansehen der Person richtet, wird er jeden mildernden Umstand voll und ganz berücksichtigen.

Den Werken gemäß: Gott kennt die Werke eines jeden, und »er wird geben einem jeglichen nach seinen Werken« (Röm 2,6). Werke sind sowohl die ausgeführten Taten (Mt 25,34–40) als auch die unterlassenen (Mt 25,41–46). Die Handlungen aller Menschen sind in den Büchern Gottes verzeichnet und bilden die Grundlage der Bewertung im Gericht (Offb 20,12–13).

Ohne Ansehen der Person: Wir Menschen beurteilen uns untereinander nach mancherlei Maßstäben: nach Herkunft, nach Bildung, nach Kleidung, nach Ansehen bei den anderen Leuten, nach Titeln und Würden, nach Besitz, nach Popularität, nach Nationalität, ja sogar nach Kirchenzugehörigkeit. Alle diese Bewertungskriterien gibt es bei Gott nicht, bei ihm gilt der Grundsatz »*ohne Ansehen der Person!*« (1 Petr 1,17; Röm 2,11; Apg 10,34).

In Gerechtigkeit: Der Herr ist ein gerechter Richter (2 Tim 4,8). In Offenbarung 16,7 lesen wir: »Ja, Herr, allmächtiger Gott, deine Gerichte sind wahrhaftig und gerecht.«

Bei sehr vielen Gelegenheiten des Alltags sind die Menschen in zwei Gruppen eingeteilt. Eine kleine Aufstellung soll uns das bewußt machen:

Eisenbahn:	Raucher und Nichtraucher
Schwimmbad:	Schwimmer und Nichtschwimmer
Sport:	Sieger und Verlierer
Berufstätige:	Arbeitnehmer und Arbeitgeber
Arzt:	Gesunde und Kranke
Bevölkerungsstatistik:	Männer und Frauen
Verkehrspolizei:	Führerscheininhaber und Führerscheinlose

Im Gericht Gottes wird es auch eine Zweiteilung der Menschheit geben, jedoch nach anderen Kategorien:

Gut und Böse – ohne Mittelding.
Licht und Finsternis – ohne Zwielicht.
Gerettete und Verlorene – ohne Halbgerettete.
Kinder Gottes und Kinder des Teufels – ohne Neutrale.

Begnadigte und unbegnadigte Sünder – ohne Zwischenstufe. Erben des Himmels und Verlorene der Hölle – ohne Fegefeuer.

Obwohl die Bibel eine klare Zweiteilung beschreibt, so gibt es doch Abstufungen bei den Geretteten wie bei den Verlorenen:

Errettete: Der Herr JESUS spricht von Kleinsten und Großen im Himmelreich (Mt 5,19). Die einen sind gerade noch gerettet, »so wie durchs Feuer hindurch« (1 Kor 3,15), und für die anderen gilt: »Die Lehrer aber werden leuchten wie des Himmels Glanz, und die, so viele zur Gerechtigkeit weisen, wie die Sterne immer und ewiglich« (Dan 12,3). Ein jeglicher wird seinen Lohn empfangen nach seiner Arbeit (1 Kor 3,8; 1 Kor 3,14; Offb 2,10; Offb 3,21 u.a.m.). Dieser Aspekt kommt im Gleichnis von den anvertrauten Pfunden (Lk 19,11–28) deutlich zum Ausdruck. Während die »Herrlichkeit« im Reiche Gottes unterschiedlich ist, so wird die »Seligkeit« (das Gerettetsein) doch für jeden gleich sein. Diesen letzten Aspekt lehrt uns der Herr im Gleichnis von den Arbeitern im Weinberg (Mt 20,1–15).

Verlorene: Auch im Unheil gibt es Abstufungen. Der Herr JESUS hatte sich in den Städten Chorazin und Bethsaida in besonderer Weise als der Sohn Gottes ausgewiesen, aber die Leute taten trotzdem nicht Buße. So predigte er ihnen das Gericht. Im Vergleich zu jenen Menschen, die nicht den Bußruf hörten, wird sie ein härteres Urteil erwarten: »Wären solche Taten zu Tyrus und Sidon geschehen, wie bei euch geschehen sind, sie hätten längst in Sack und Asche Buße getan. Doch ich sage euch: Es wird Tyrus und Sidon erträglicher gehen am Tage des Gerichts als euch« (Mt 11,21–22). Auch die Sodomer werden gegenüber denen von Kapernaum mit anderem Ergebnis gerichtet. Die habgierigen Schriftgelehrten haben ein besonders schweres Urteil zu erwarten. So wird das Urteil eines Massenmörders ein anderes sein als das eines »ordentlichen« Bürgers, der aber mit JESUS ebenso nichts im Sinn hatte. So wird klar: Auch die Leute, die das Evangelium hörten und es nicht annahmen, haben damit eine andere Position als die Heiden, die es nie gehört haben.

5.5 Wenn die Heiden verlorengehen: Aus welchem Grund?

Wer die Botschaft des Evangeliums gehört und sich nicht bekehrt hat, befindet sich noch in seinem alten Grundzustand. Es ist für ihn derselbe Grundzustand, in dem jeder *natürliche Mensch** steht, und zwar unabhängig davon, ob ihm das Evangelium verkündigt wurde oder nicht. Es ist der Grundzustand der Verlorenheit, in dem sich von Natur aus *alle Menschen* in gleicher Weise befinden:

- »Die Schrift hat alles beschlossen unter die Sünde« (Gal 3,22).
- »Tot in Übertretungen und Sünden, Kinder des Zorns von Natur, keine Hoffnung und ohne Gott« (Eph 2,1+3+12).
- »Ohne Vergebung« (Apg 26,17+18).
- »Ohne Erbteil« (Eph 5,5).
- »Wer aber nicht glaubt, der ist schon gerichtet« (Joh 3,18).

Diese Aussagen können wir nicht außer acht lassen, wenn es um die Frage der nichtevangelisierten Heiden geht. Gehen die Heiden also verloren,

* Das Neue Testament teilt die Menschen in drei Gruppen ein:
1. psychikos (griech.): Es ist der von den Sinnen beherrschte, d. h. der sinnliche, seelische, *natürliche Mensch*, der vom Geist Gottes nichts wahrnimmt (Jak 3,15; 1 Kor 2,14). Er lebt in seinem irdisch gerichteten Begehren ohne Gott. Er hat die Wiedergeburt nicht erlebt und ist nicht erlöst. In dieser Kette befinden sich seit Adam von Natur aus alle Menschen. Der natürliche Mensch kann zwar gelehrt, freundlich, höflich, beredsam und hilfsbereit sein, dennoch bleibt ihm der geistliche Inhalt der Bibel völlig verborgen.
2. pneumatikos (griech.): Dies ist der durch die Wiedergeburt erneuerte natürliche Mensch. Es ist der *geistliche Mensch*, der mit dem Heiligen Geist erfüllt ist und in enger Gemeinschaft mit Gott wandelt (Eph 5,18–20). Er ist »in Christus« zu einer neuen Kreatur geworden, der das ewige Leben hat (1 Joh 5,12), der die geistliche Dimension der Bibel versteht (1 Kor 2,15–16) und einen Hunger nach dem Worte Gottes hat.
3. sarkios (griech.): Es ist der *fleischliche Mensch*, d. h., er ist zwar ein durch den Glauben erneuerter Mensch, der aber »nach dem Fleisch wandelt« (Gal 3,3). Er bleibt ein kleines Kind in Christus (1 Kor 3,1–4), der nur die einfachsten Wahrheiten (»Milch«) aufnehmen kann (1 Kor 3,2).

– weil sie im falschen Land geboren wurden?
– weil sie das Evangelium nicht zu hören bekamen?
– weil sie die Gelegenheit zur CHRISTUS-Entscheidung nicht hatten?
– weil sie eine Botschaft nicht annahmen, von der sie nichts wußten?

Die Antwort darauf heißt NEIN! *J.O. Sanders* gibt eine biblische Begründung [15]: »Wenn die Heiden verlorengehen, dann aus dem gleichen Grunde wie alle anderen Menschen: weil sie sündig sind. Alle Menschen, ob religiös oder zivilisiert, wie auch jene, die man allgemein Heiden nennt, sind verloren, weil sie sündig sind. Alle Menschen wurden mit einer sündigen Natur geboren. ›Sie sind allzumal Sünder und mangeln des Ruhms, den sie bei Gott haben sollten‹« (Röm 3,23). Der »*natürliche Mensch*«, ob zivilisiert oder Heide, verlangt nicht nach dem lebendigen Gott und seiner Heiligkeit und seinem Licht, denn seine Haltung ist: »Hebe dich von uns, wir wollen von deinen Wegen nicht wissen!« (Hiob 21,14). So formt der Mensch sich Götzen nach seinem Bilde – wie es *Goethe* im »*Prometheus*« beschreibt –, er beschreitet den Weg der Religion nach eigenem Wollen und Denken. Dazu sagt die Bibel: »Es gefällt manchem ein Weg wohl; aber endlich bringt er ihm den Tod« (Spr 14,12). *R.E. Speer* bemerkt [15]: »Die Menschen sind nicht darum in dieser traurigen Lage, weil sie das Evangelium nie hörten, sondern weil sie Menschen sind. Nicht weil die Menschen das Evangelium nicht gehört haben, sind sie Sünder. Das Evangelium würde sie retten, wenn sie es hörten und annähmen.« Sie sind verloren, weil sie ihr eigenes Gewissen verletzt haben und taten, was sie selbst für unrecht hielten.

Der Missionar und Verfasser des Bestsellers »Glühende Retterliebe«, *Oswald Smith*, schreibt [16]: »Wenn die Heiden nicht verlorengingen, solange sie das Evangelium nicht gehört haben, dann sollten wir sie besser in ihrer Unwissenheit lassen. Wenn nur diejenigen verdammt werden, die CHRISTUS mit vollem Bewußtsein und Willen verwerfen, dann sollten wir ihnen niemals die Botschaft von Ihm bringen. Da wäre es doch weit richtiger, sie in ihrer Unwissenheit zu lassen, als sie unter das Verdammungsurteil zu bringen. Aber die ganze Bibel lehrt uns, daß die Menschen ohne CHRISTUS verlorengehen und daß ihre einzige Hoffnung und Rettung **allein** im Evangelium liegt.«

5.6 Die Menschen vor dem Kommen JESU in diese Welt: Zu früh gelebt?

Wenn das Neue Testament so bestimmt, eindeutig und klar aussagt, daß es kein Heil ohne JESUS CHRISTUS gibt, so stellen viele die Frage: Was ist mit jenen Menschen, die zu alttestamentlichen Zeiten lebten? Haben sie zu früh gelebt, oder kam JESUS zu spät als Retter dieser Welt? Auch hier gilt zunächst die gleiche Begründung wie im vorigen Abschnitt: Niemand ging dadurch verloren, daß er zu früh lebte, sondern wenn Menschen verlorengingen, dann auch um der Sünde willen und weil sie dem Gewissen oder der von Gott verkündigten Botschaft ungehorsam waren.

Die Zeitgenossen *Noahs* gingen im Sintflutgericht unter wegen ihrer Bosheit. Sie hörten nicht auf den Ruf Gottes: »Die Menschen wollen sich von meinem Geist nicht mehr strafen lassen« (1 Mose 6,3). Auch von Sodom und Gomorrha sagt Gott, daß »ihre Sünden sehr schwer sind« (1 Mose 18,20), und dies ist der Grund ihres Unterganges. Ebenso rettet Gott, wenn die Menschen Buße tun, wie es die heidnischen Völker von Ninive taten (Jona 3,5–10). Welches aber ist die Grundlage der Rettung zu jener alttestamentlichen Zeit, als JESUS das Heil auf Golgatha noch gar nicht erworben hatte? Um die Heilsgeschichte Gottes mit den Menschen zu verstehen, müssen wir folgenden Auslegungsgrundsatz beachten, den uns die Bibel anzeigt:

Ohne das Alte Testament (siehe JESU Hinweise auf das AT: Mt 21,42; Mt 22,29; Joh 5,39) können wir das Neue Testament nicht recht verstehen, und ohne dieses (Gottes Hinweis auf das NT in Jer 31,31) können wir die Geschehnisse des Alten Testaments nicht hinreichend einordnen.

So wird schon unmittelbar nach dem Sündenfall auf den kommenden Heilsbringer hingewiesen (1 Mose 3,15). Die Kette der Verheißungen auf JESUS hin reißt dann nicht mehr ab (z. B.

1 Mose 49,10; Ps 22; Jes 11,1–2; Jes 53,1–12; Sach 9,9), bis sich in dem »Es ist vollbracht« am Kreuz auf Golgatha der Heilsplan Gottes erfüllt hat. Die Bibel gibt uns die Schau in den Himmel, wo auch die alttestamentlichen Glaubenszeugen vertreten sind: » . . . wenn ihr sehen werdet *Abraham* und *Isaak* und *Jakob* und alle Propheten im Reiche Gottes« (Lk 13,28). Ihre Heilsgrundlage ist ebenfalls im Opfertod JESU begründet, »denn es ist unmöglich, durch das Blut von Ochsen und Böcken Sünden wegzunehmen« (Hebr 10,4). Da es ohne Blutvergießen keine Vergebung gibt (Hebr 9,22), dienten die Tieropfer des alten Bundes als Hinweis auf das Lamm Gottes, das vollkommene Opfer ohne Fehl. In Hebräer 9,15 steht geschrieben, daß in JESUS die Heilsbürgschaft des alten (ersten) Bundes eingelöst ist: »Und darum ist er auch ein Mittler des neuen Bundes, auf daß durch seinen Tod, der geschehen ist zur Erlösung von den Übertretungen unter dem ersten Bund, die, so berufen sind, das verheißene ewige Erbe empfangen.« Auch *Paulus* bezeugt die zeitlich übergreifende Wirkung des Opfertodes JESU: »Denn er (JESUS) hat die Sünden *vergangener Zeiten* getragen in göttlicher Geduld, um nun zu diesen Zeiten seine Gerechtigkeit zu erweisen, auf daß er allein gerecht sei und gerecht mache den, der da ist des Glaubens an JESUS« (Röm 3,25b–26). So erlangten die Menschen in vorchristlicher Zeit in gleicher Weise das Heil durch JESUS, wenn sie Buße taten und Gott gehorsam waren, wie es auch heute noch der Fall ist.

5.7 Viele Säuglinge und Kinder: Zu früh gestorben?

Die Bibel spricht von einer Friedenszeit im Tausendjährigen Reich, in dem alle ein gesegnetes Alter erreichen: »Es soll dann nicht mehr Kinder geben, die nur ein paar Tage leben, noch Alte, die ihre Jahre nicht erfüllen, sondern wer hundertjährig stirbt, wird noch als Jüngling gelten . . . Sie werden nicht umsonst arbeiten noch ihre Kinder durch ein Unglück verlieren; denn sie sind ein gesegneter Same des Herrn und ihre Sprößlinge mit ihnen« (Jes 65,20 + 23).

Die jetzige Weltzeit, in der wir leben, ist jedoch dadurch

Bild 12: Matthäus 18,14: »Also ist es auch nicht der Wille eures Vaters im Himmel, daß eines dieser Kleinen verloren gehe.«

gekennzeichnet, daß immer wieder Säuglinge sterben und auch Kinder in den Tod kommen, ehe sie das Alter erreicht haben, in dem sie zurechnungsfähig sind und zwischen Recht und Unrecht unterscheiden können. Dies geschieht durch Krankheit, Hungersnöte, Kriege, Unfälle, d.h. durch alle jene Tatbestände des Leides, die unserer derzeitigen Welt zu eigen sind.

Wo sind die Seelen dieser Kinder nach ihrem frühen Dahinscheiden? Es gab eine mittelalterliche Lehre, die besagte, daß ungetaufte Kinder in die Verdammnis gingen. Hat diese Lehre irgendeinen biblischen Halt? Zunächst gilt es noch einmal zu betonen, daß nicht die Taufe, sondern der Glaube an JESUS rettende Kraft hat. Das verbindliche Wort über die Kinder sagt uns JESUS selbst: »Lasset die Kinder zu mir kommen und wehret es ihnen nicht; denn *für solche* ist das Reich Gottes« (Lk 18,16). Zu JESUS wurden Säuglinge und Kleinkinder gebracht. Die Jünger sahen in diesem Begehren der Leute nur eine unnütze Belästigung des Meisters und eine Störung in seinem Verkündigungsauftrag. Aber JESUS stellt die Kinder in besonderer Weise als Erben des Himmelreiches heraus. So dürfen wir gewiß sein, daß »viel zu früh« gestorbene Kinder beim Herrn sind. *Fritz Rienecker* betont in der Wuppertaler Studienbibel, daß die Berechtigung, aus dieser Geschichte die Kindertaufe abzuleiten, jeder exegetischen Begründung entbehrt.

6. Was sollen wir tun? Bekehrung und Mission!

Die Bibel sagt klar, daß es außer JESUS keinen anderen Namen unter dem Himmel gibt, durch den die Menschen gerettet werden können. Ohne CHRISTUS gibt es keine Hoffnung. Alle menschlichen Religionen erweisen sich im Lichte der Bibel als Erfindungen der Kategorie (3) gemäß Kapitel 2, d. h. als bedauerliche Irrwege der Menschen. Wenn irgendein Mensch sich durch eigene Gerechtigkeit die Vatergunst Gottes hätte erwerben können, dann hätte der Sohn Gottes nicht zu sterben brauchen. Der Weg der Religion vermag nicht aus der Verlorenheit zu führen, darum hat Gott von Ihm und nicht vom Menschen ausgehend die Lösung angeboten, und das ist der einzige Weg, der uns von der ewigen Verdammnis wirklich retten kann: Es ist das Evangelium von JESUS CHRISTUS! Lehnen wir ab, was die Bibel uns über die Hölle sagt, so können wir weder zu einem richtigen Verständnis für das herrliche Evangelium unseres Gottes kommen noch es genügend hoch schätzen. Auch die wohlgemeinten Heilsmöglichkeiten wie Allversöhnungslehre, Verkündigung im Totenreich u.a. sind Schecks vergleichbar, die zwar auf eine hohe Summe ausgestellt sind und damit einen riesigen Wert vortäuschen, für die es aber keine Deckung auf der Wechselbank Gottes gibt.

Es ist erstaunlich, bei wie vielen Gelegenheiten im Leben ein Schein vorliegt, der die tatsächliche Situation nicht erkennen läßt. Im folgenden wollen wir darauf näher eingehen.

Der Schein trügt: Die Bibel ist voller Beispiele, um uns den falschen Schein anzuzeigen und uns zu helfen, Echtheit und Trügerei zu unterscheiden. Die grundsätzliche Situation des falschen Scheins und der irrigen Ansicht bei so mannigfachen Gelegenheiten hat *Paul Meyer*, Zeltevangelist und Gründer der *Neuland-Mission-Plettenberg*, an Hand der Personen der Geschichte über die Heilung des *Naeman* (2 Kön 5,1–27) eindrücklich und bildhaft dargelegt. Skizzenhaft wollen wir uns hier einige Personen vor Augen führen:

– *Naeman*, der bewährte syrische General, steht wegen seiner ruhmreichen Taten in höchstem Ansehen bei König und Volk. Die zahlreichen Orden an seiner Uniform sind ein Symbol für Macht und Ehre, Anerkennung und Popularität. Ihm fehlt offenbar nichts, *aber der Schein trügt:* Er ist aussätzig!

- Die *Israelitin*, die *Naeman* seiner Frau als »einfallsreiches Souvenir« und dienstbare Gehilfin aus Israel mitbrachte, wurde in jungen Jahren aus ihrer Heimat verschleppt. Ohne Kontakte zu ihrer Familie und Heimat und ohne die gewohnten Gottesdienste im Tempel muß sie nun in der Fremde die ständig von Aussatz verklebte Uniform *Naemans* reinigen. In ihrer Situation meint man sie verbissen, verärgert und voller Haß gegen den General anzutreffen, *aber die Annahme trügt:* Sie verkündigt voller Freude den lebendigen Gott und berichtet von seinem großen Propheten, durch den Hilfe möglich ist.
- Der *König von Syrien* hört von der Heilungsmöglichkeit beim Propheten Gottes und man meint, er würde *Naeman* dorthinschicken, *aber der Schein trügt:* Er setzt auf eigene Diplomatie und schreibt dem *König von Israel*, daß dieser doch seinen General heilen möge. Er sucht Heil an der verkehrten Stelle.
- Zu dem *König von Israel* kommt *Naeman* mit einem großen Gefolge und reichen Schätzen. Diese bemerkenswerte Aufwartung hätte ihn erfreuen können, *aber der Schein trügt:* Der König interpretiert das alles als heimtückische Attacke gegen ihn.
- Von *Elisa*, dem Propheten Gottes, erwartet *Naeman*, daß er ihm die Hände auflegt und mit ihm betet, *aber seine Hoffnung trügt: Elisa* läßt sich selbst nicht einmal sehen. Er schickt einen Bibelschüler an die Tür, um dem General etwas völlig Unverständliches mitzuteilen: Er solle siebenmal im schmutzigen Jordan untertauchen, um rein zu werden.
- Die *Knechte Naemans* erleben ihren Vorgesetzten voller Zorn, weil er statt der erwarteten Heilmethode etwas für ihn Entwürdigendes tun soll. Die Knechte waren es gewohnt, dem streitbaren General immer und unbedingt zuzustimmen. Auch jetzt würde man das von ihnen erwarten, *aber der Schein trügt:* Sie schlagen sich auf die Seite des Propheten und erklären: Zu einer glorreichen Tat oder einer reichlichen Bezahlung als Voraussetzung zur Heilung wäre er, der General, wohl bereit,

aber dem kostenlosen Heilsempfang aufgrund eines demütigenden Gehorsamsschrittes mißtraut er.

- *Gehasi* ist schon langjähriger Bibelschüler beim großen Propheten in Israel. Er ist bestens unterwiesen in der Heiligen Schrift und weiß, was vor Gott angenehm ist. Er erlebt die Rückkehr des geheilten *Naeman*, der nun mit Geld und Gut bezahlen will. Trotz größter Armut der Bibelschule läßt *Elisa* ihn ziehen, um ihm eine wichtige Lehre zu erteilen: Das Heil ist bei Gott kostenlos und beruht auf Gnade; im Gehorsam ist es anzunehmen. *Gehasi* müßte es als erster verstanden haben, *aber der Schein trügt:* Eigenmächtig eilt er der Karawane nach, um den Reichtum *Naemans* nicht ungenutzt vorüberziehen zu lassen. Geldgier und Geiz werden ihm zum Verhängnis: Ihn trifft das Gericht Gottes mit Aussatz.

An diesen Beispielen wird offenbar, daß Menschen in den unterschiedlichsten Situationen sich durch den Schein trügen lassen. Wenn das unter Menschen so ist, so sieht Gott doch immer unser ganzes Sein. Gott prüft die Herzen, und ihm können wir nichts vortäuschen. Am tragischsten ist jedoch die Situation des Menschen, der in einer unechten Beziehung zu Gott lebt: Es ist der scheinbar Gläubige.

Es ist derjenige,

- der als sogenannter »ehrenhafter Mann« nach seiner Meinung »recht tut und niemand scheut«. Er brüstet sich, noch nie jemanden getötet zu haben, noch nie die Ehe gebrochen zu haben, und so wird ein »Gott der Liebe« ihn nicht verwerfen. *Aber der Schein trügt,* die Bergpredigt demaskiert solch ein Verhalten als Verlorenheit in eigener Selbstgerechtigkeit;
- der in einer selbstgezimmerten Sicherheit lebt. Er hat sogar viele Taten im Namen JESU getan, *aber der Schein trügt:* Die Tür des Himmelreiches bleibt ihm verschlossen, denn statt nach dem Willen Gottes zu fragen, hat er sich nur selbst herausstellen wollen. Darum wird JESUS ihm sagen müssen: Ich habe dich nicht irgendwann einmal, sondern *nie* gekannt (Mt 7,23);
- der von sich bekennt, daß er auch an Gott glaubt. Wer ihm das streitig machen würde, den würde er sogleich als überheblich

bezeichnen. *Aber der Schein trügt:* Er hat sich nie bekehrt und ist darum auch verloren;

- der die Botschaft des Evangeliums gehört hat und das Christentum nun für eine gute Sache hält. Er schlägt vor, sofort in die Mission zu gehen, *aber der Schein trügt:* Ohne Bekehrung kann niemand dem Herrn missionarisch dienen. Der zweite Schritt kann nicht ohne den ersten getan werden.

Unter diesen Tatbeständen wollen wir uns genau prüfen, zu welcher der beiden folgenden Personengruppen wir gehören, und dann handeln:

Der noch nicht Bekehrte: Hier gilt das Wort aus Klagelieder 3,40: »Laßt uns erforschen und prüfen unseren Wandel und uns zum Herrn bekehren!« Die Botschaft der Bibel zielt auf Errettung ab. Darum ist jeder Mensch aufgerufen, das in JESUS angebotene Heil anzuzunehmen. Der ist gerechtfertigt, der an ihn glaubt (Apg 13,39). Auf die Frage des *Kerkermeisters* »Was soll ich tun, daß ich gerettet werde?« (Apg 16,30), bekommt er die *eine* Antwort, die auch uns gilt: »Glaube an den Herrn JESUS!« (Apg 16,31). Die Hinkehr zu JESUS CHRISTUS in Buße und Bekehrung, der Glaube von Herzen an den Sohn Gottes retten von der ewigen Verlorenheit und bewirken ewiges Leben. Wer JESUS annimmt, erfährt die größte Veränderung des Lebens, er kommt vom Blickwechsel zum Schrittwechsel. Vom *Kerkermeister* lesen wir über den neuen Bezug: »Er freute sich mit seinem ganzen Hause, daß er an Gott gläubig geworden war« (Apg 16,34). Wenn wir noch nicht im Glauben stehen, dann gilt uns das Wort JESU: »Gehe hin und tue desgleichen!« (Lk 10,37).

Der Bekehrte: Wenn wir bekehrte Leute sind, dann hat uns Gott die größte und schönste Aufgabe anvertraut, die es gibt. Dann »sind wir Botschafter an CHRISTI Statt« (2 Kor 5,20). Dieser Dienst ist dreifach gekennzeichnet:

a) **Er ist Dank für unsere Errettung auf Golgatha:** Weil wir selbst Errettete sind, können wir aus Dank nicht anders handeln, als auch andere Menschen zu gewinnen. Leute, die Gott dankbar sind, arbeiten anders als Leute, die nichts zu danken haben. Die

Möglichkeiten sind für jeden unterschiedlich, aber gebrauchen kann Gott jeden.

b) **Er ist ein Dienst der Liebe:** Jeder Dienst im Reiche Gottes kann in Vollmacht nur in der Liebe zu JESUS geschehen (Joh 21,16). Alles Wirken für den Herrn muß diese Liebe als Triebfeder haben.

c) **Der Botschaftsdienst ist ein Auftrag Gottes:** Der Herr hat uns zu seinen Beauftragten berufen: »Wir sind Gottes Mitarbeiter« (1 Kor 3,9). Was bedeutet Mitarbeiterschaft? Auftraggeber und Mitarbeiter stehen in einem gegenseitigen Abhängigkeitsverhältnis. Der andere kann nicht ohne mich, und ich kann nicht ohne ihn. Eines ist klar: Wir können nicht ohne Gott. Trifft aber im Verhältnis mit Gott auch das Umgekehrte zu: Kann Er nicht ohne uns? Es ist für uns unfaßbar, daß der allmächtige Gott von uns Menschen abhängig sein sollte. Ist er wirklich auf unsere Mitarbeit angewiesen? Gott brauchte den Menschen nicht, um das riesige Universum aus dem Nichts durch sein Allmachtswort zu erschaffen (Hebr 11,3), und er schuf das Leben, aber er hat den Menschen dazu eingesetzt, die Erde zu füllen, sie zu bewahren und sie sich untertan zu machen. Gott hat das Erlösungswerk **allein** vollbracht. JESUS hing in aller Gottverlassenheit am Kreuz. Er hat **allein** die Schuld der Welt getragen und die Erlösung vollbracht, aber er setzt uns nun als Mitarbeiter ein, um allen die Botschaft vom Heil zu sagen. Die Weitergabe der Heilsbotschaft hat er uns aufgetragen (Mt 28,19–20; Mk 16,15–16; Apg 1,8).

Was wir nicht tun, bleibt ungetan, denn:

»Wie sollen sie aber den anrufen,
an den sie nicht glauben?
Wie sollen sie aber an den glauben,
von dem sie nichts gehört haben?
Wie sollen sie aber hören ohne Prediger?« (Röm 10,14).
»Der Glaube kommt aus der Predigt,
das Predigen aber durch das Wort CHRISTI« (Röm 10,17).

Auf einem Prospekt der *Wycliff*-Bibelübersetzer steht folgender Dialog zwischen einem Indianer und einem Missionar, der uns sehr nachdenklich stimmen sollte:

»Als du ein Kind warst, wußtest du da schon von JESUS?« fragte mich der Indianer.

»Ja«, antwortete ich.

»Also wußte dein Vater auch schon davon?«

»Ja.«

»Und dein Großvater –?«

». . .«

Der Indianer schwieg lange Zeit.

Endlich sagte er:

»Mein Vater und mein Großvater hätten gerne davon gewußt. Warum seid ihr erst jetzt gekommen?«

Wir sind seine Mitarbeiter, seine Botschafter, seine Beauftragten. Er gibt uns seine Kraft dazu, er motiviert uns mit seiner Liebe, und er schenkt uns den Retterwillen für die Verlorenen. Gott gebraucht zur Verkündigung des Evangeliums nicht Engel oder andere Wesen. Er hat nach seinem Plan **uns** dafür eingesetzt. *Es ist der größte Auftrag, der je einem Menschen gegeben wurde.*

Als ich während einer Fernostreise vor der großen Chinesischen Mauer stand, konnte ich nur staunen. Dieses Bauwerk ist etwa 5000 km lang und ist das einzige Projekt auf dieser Erde, das mit bloßem Auge vom Mond aus gesehen werden kann. Ein chinesischer Kaiser hatte diesen Auftrag gegeben. Nach etwa einem Jahrhundert Bauzeit war der Auftrag, der sich nur auf die Nordgrenze Chinas bezog, beendet. Die Mauer hat heute keine Bedeutung mehr, sie dient nur noch als touristische Attraktion.

Völlig anders ist es beim Auftrag Gottes:

- **Er ist der räumlich weiteste Auftrag:** Er reicht von unserem unmittelbaren Nächsten bis zum Ende der Erde. Überall gibt es Menschen, die das Evangelium brauchen. Wo immer wir auch hinkommen – ob In- oder Ausland –, kommen wir gleichzeitig auch als Botschafter CHRISTI. Wir haben die Möglichkeit dazu im gelebten Zeugnis als »Brief CHRISTI« (2 Kor 3,3), in persönlichen Gesprächen oder durch mitgenommene geistliche Literatur. Auch fremdsprachliche Literatur kann für die verschiedensten Länder von den jeweiligen Missionswerken angefordert werden.

- **Er ist der zeitlich weiteste Auftrag:** Noch nie ist ein zeitlich so weitreichender Auftrag formuliert worden wie die Verkündigung der Evangeliumsbotschaft. Solange die Erde besteht, gilt der Missionsauftrag. In den Einsetzungsworten des Abendmahls heißt es: »Verkündigt des Herrn Tod, **bis** daß er kommt« (1 Kor 11,26). Erst der Abbruch der Weltgeschichte bei der Wiederkunft JESU hebt den Missionsbefehl auf.
- **Er ist ein Auftrag mit ewiger Wirkung:** Menschliche Aufträge sind durch ihre Vergänglichkeit gekennzeichnet. Was einst ein wichtiges Anliegen war, ist nach Generationen oder manchmal schon nach wenigen Jahren unbedeutend und fällt der Vergessenheit anheim. Anders ist es im Reiche Gottes. Selbst der Trunk kalten Wassers, den wir im Namen JESU einem Jünger reichen, hat Ewigkeitsbedeutung (Mt 10,42). Wieviel mehr wird es bleibende Ewigkeitsfreude sein, wenn wir mithalfen, daß Menschen den Weg ins Vaterhaus fanden.

Alle Dienste sind wichtig. Die Bibel verdeutlicht das an den Bildern aus der Land- und Bauwirtschaft: pflügen, säen, pflanzen, bewässern, ernten, gründen, bauen, ineinanderfügen. Ein weites Betätigungsfeld ist gegeben, bei dem die ganze Fülle unterschiedlicher Begabungen einzubringen ist. Dieser Dienst darf nicht lässig getan werden (Jer 48,10), sondern Gott erwartet den Einsatz mit unserer ganzen Persönlichkeit und mit allen uns zur Verfügung stehenden Mitteln. Der Missionar und Afrikaforscher *David Livingstone* (1813–1873) bezeugte von sich: »Was ich auch habe und besitze, soll nur insofern einen Wert für mich haben, als es der Ausbreitung des Reiches Gottes dient.« Alle Fähigkeiten, Tätigkeiten und Möglichkeiten werden gebraucht. Gott sucht unsere Treue, und an dieser Stelle ist auch unser Erfinderreichtum gefragt. *Oswald Smith* markierte unser Tun mit den drei G's [16]: Geber, Gebete, Geher. Entweder werden wir Geber sein, um uns an den finanziellen Voraussetzungen des Missionsdienstes im In- oder Ausland zu beteiligen, oder wir werden selbst an der Verbreitung des Evangeliums mittun. In jedem Falle aber sollte die Ausbreitung des Reiches Gottes uns ein Gebetsanliegen sein. Die drei G's aber sind keine sich ausschließenden Aufträge, sondern sollten bei jedem Jünger einander ergänzen.

Karl Lagershausen (Überseeische Missions-Gemeinschaft) bekennt vom Gebet für die Mission [12]: »Das Gebet, das die Welt umspannt, bringt mehr ein als die Kreiselbewegung um sich selbst. So realistisch dürfen wir auch als Christen sein. Ich möchte jedenfalls nicht mehr außerhalb der weltweiten Gemeinschaft der Beter stehen.« Er hebt hervor, daß die persönliche Aktion dadurch nicht überflüssig wird: »Geld und Gebete sind kein Ersatz fürs Gehen. Gebetet wird draußen auch. Erst das Opfer des Lebens macht das Geldopfer akzeptabel.«

Wenn wir den Auftrag JESU an diese Welt annehmen und ihn mit den uns verfügbaren Gaben treu ausführen, dann dürfen wir uns freuen auf den Tag seiner herrlichen Wiederkunft, wenn er sagen wird: »Ei, du frommer und getreuer Knecht, du bist über wenigem getreu gewesen, ich will dich über viel setzen; gehe ein zu deines Herrn Freude!« (Mt 25,21).

Bild 13: Urstamm-Mission unter den Dumagat im philippinischen Urwald auf der Hauptinsel Luzon (Missionar H. Keller, DMG).

7. Der Himmel: Unser Ziel

In den bisherigen Kapiteln haben wir uns mit der Frage befaßt, **wie** man in den Himmel kommt und **wer** in den Himmel kommt. Wir haben erkannt, daß die karnevalistisch vertonte Allversöhnung »Wir kommen alle, alle in den Himmel« sich im Lichte der biblischen Botschaft als krasse Lüge erweist. Wir wollen uns nun damit beschäftigen, **was** diejenigen **zu erwarten** haben, die die Erbschaft des Himmels antreten.

Die Bibel läßt uns über den Ort unserer ewigen Bestimmung nicht im unklaren. Sie ist die **einzige** Informationsquelle über den Himmel. Auch hier müssen wir zunächst alle menschlichen Vorstellungen zurückweisen, bevor wir auf Gottes Offenbarung achten.

Der Himmel ist nicht:

- der »ewige Jagdgrund« der Indianer;
- das »Land des Silberhimmels« der Babylonier;
- die »Unterwelt« oder die »Insel der Seligen« der Griechen;
- das »Leben im Luxus« der Mohammedaner.

Ungeachtet der mannigfachen Unterschiede – angefangen von den Naturvölkern bis hin zu den kultivierten Völkern – ist doch bei der Betrachtung der Religionen eines allen gemeinsam: Sie haben alle die Ahnung der Ewigkeit. Warum das so ist, wollen wir zunächst an einer kleinen Geschichte verdeutlichen, die *Richard Wurmbrand* erzählt hat [20]:

> »An einem Herbsttag unterhielt sich eine Krähe mit einer jungen Schwalbe im ersten Lebensjahr. Die Krähe sagte zu der Schwalbe: ›Wie ich sehe, bereitest du dich auf eine lange Reise vor. Wohin fliegst du?‹ Die Schwalbe antwortete: ›Es wird hier kälter. Ich könnte frieren. Ich fliege in ein wärmeres Land.‹ Die Krähe spottete: ›Aber denke doch an deine Geburt. Du wurdest erst vor wenigen Monaten hier geboren.

Woher willst du wissen, daß es ein wärmeres Land gibt, das dir Schutz bietet, wenn es hier kalt wird?‹ Die Schwalbe erwiderte: ›Der Eine, der mir den Wunsch nach einem warmen Klima ins Herz gegeben hat, kann mich nicht betrogen haben. Ich glaube ihm und reise ab.‹ Und die Schwalbe fand, was sie gesucht hatte.«

Der Mensch ist mehr als eine Schwalbe! Psalm 8,6 beschreibt die Situation des Menschen von der Schöpfungsordnung Gottes her: »Du hast ihn wenig niedriger gemacht denn Gott, und mit Ehre und Schmuck hast du ihn gekrönt.« Auch nach dem Sündenfall ist dem Menschen die Ahnung der Ewigkeit geblieben. Sie ist in jedem Menschen einprogrammiert, wie uns bereits das Alte Testament sagt: »Alles hat er gar schön gemacht zu seiner Zeit; auch die Ewigkeit hat er ihnen ins Herz gelegt« (Pred 3,11). Das Zeugnis der Völker bestätigt dieses Wort der Bibel. Aber es bleibt bei der Ahnung. Die Menschen haben diese Ahnung mit ihren Gedankenvorstellungen aus den betreffenden Lebensräumen bunt ausgemalt. So stellten sich die jagdorientierten Indianer die Ewigkeit als einen Jagdgrund mit unermeßlichem Wildreichtum vor. Die Himmelsvorstellung eines *Mohammed* ist voll und ganz auf den Geschmack des arabischen Wüstenbewohners abgestimmt. Selbst der kommunistische Revolutionär Nordvietnams *Ho Chi Minh* (1890–1969) glaubte an ein Leben nach dem Tode. Nach seinem Tod wurde sein Testament vor der kommunistischen Prominenz verlesen: »Ich gehe hin, um die Genossen *Marx, Lenin* und *Engels* wiederzutreffen.« Der Heidedichter *Hermann Löns* (1866–1914) bezeugte auf seine Weise die Ahnung der Ewigkeit:

Ich weiß ein Land, in dem ich niemals war;
Da fließt ein Wasser, das ist silberklar,
Da blühen Blumen, deren Duft ist rein,
Und ihre Farben sind so zart und fein . . .
Auch singt ein Vogel in dem fernen Land,
Er singt ein Lied, das ist mir unbekannt;
Ich hört' es nie und weiß doch, wie es klingt,
Und weiß es auch, was mir der Vogel singt;

Das Leben singt er, und er singt den Tod,
Die höchste Wonne und die tiefste Not,
Jedwede Lust und jeglich Herzeleid,
Die Lust der Zeit, das Weh der Ewigkeit . . .
Erreiche ich das ferne, fremde Land,
Dann blüht das Lebensmal in meiner Hand;
Wenn nicht, dann sang der Vogel nur von Tod,
Sang mir ein Leben, bitter und voll Not.

Der gesamte Reichtum des tatsächlichen Wesens des Himmels liegt jedoch noch weit außerhalb unserer Vorstellungskraft, darum schreibt *Paulus:* »Was kein Auge gesehen hat und kein Ohr gehört hat und in keines Menschen Herz gekommen ist, was Gott bereitet hat denen, die ihn lieben« (1 Kor 2,9). Die Überraschung für jeden Erben des Himmels wird groß sein, wenn der Übergang vom Glauben zum Schauen erfolgt. Als die *Königin von Saba* den Reichtum und die Pracht *Salomos* staunend sah, bekannte sie: »Nicht die Hälfte hat man mir gesagt« (2 Chr 9,6). Wieviel mehr gilt das für die Nachfolger JESU, die einmal sein Reich schauen und erben werden. Gott hat uns dennoch einen Türspalt zum Himmel geöffnet, um uns schon jetzt einen Vorgeschmack der Herrlichkeit zu geben. Aus der Fülle der Offenbarungen wollen wir einiges zusammentragen.

7.1 Der Himmel: Das Vaterhaus

Als der Herr JESUS den Jüngern erklärte, er gehe hin, die Stätte zu bereiten, sagte er: »In meines Vaters Haus sind viele Wohnungen« (Joh 14,2). Der Himmel ist die Wohnstätte Gottes, wie uns viele Stellen der Bibel belegen:

1. Mose 24,7: »Der HERR, der Gott des Himmels.«
Nehemia 1,5: »Ach HERR, du Gott des Himmels.«
Psalm 115,3: »Unser Gott ist im Himmel.«
Psalm 115,16: »Der Himmel allenthalben ist des HERRN.«
Matthäus 6,9: »Unser Vater in dem Himmel.«

Auch die Wohnstätte JESU ist der Himmel: Von dort ist er zu uns in die Welt gekommen (Joh 3,13; Joh 6,38) und nach seiner

Himmelfahrt wieder dort aufgenommen (Lk 24,51; Apg 1,11). Beim letzten Zusammensein mit den Jüngern sagte er ihnen, daß er zum Vater gehe. Bei der Wiederkunft wird er von dorther kommen und die Seinen zu sich nehmen.

Die Situation des Menschen ist erschreckend, wenn er keine Bleibe hat, wenn ihm jede Geborgenheit genommen ist. Selbst der nihilistische Philosoph *F. Nietzsche,* der erklärte »Gott ist tot«, beklagte die Heimatlosigkeit wie kaum ein anderer:

Die Welt – ein Tor
zu tausend Wüsten stumm und kalt!
Wer das verlor,
was du verlorst, macht nirgends halt.
Nun stehst du bleich,
zur Winter-Wanderschaft verflucht,
dem Rauche gleich,
der stets nach kältern Himmeln sucht . . .
Wehe dem, der keine Heimat hat!

Auch wenn jemand alle Schätze und Reichtümer der Welt zusammentrüge und eine Sammlung von Ehren, Titeln und Würden auf sich vereinigte und sich in dieser Welt mit allem einrichten würde, so bliebe am Ende doch nichts übrig. Nichts vermag das Herz zu füllen, es bleibt trotz aller irdischen Schätze leer, betrogen und heimatlos, wenn es nicht in JESUS die Mitte gefunden hat. Gott hat uns auf Heimat angelegt. Die endgültige Heimat ist bei Gott selbst. In dieser vergänglichen Welt haben wir keine bleibende Stadt (Hebr 13,14). Wir bleiben »Fremdlinge und Pilgrime« (1 Petr 2,11) in dieser Welt, denn »unsere Heimat ist im Himmel« (Phil 3,20). Der Himmel ist die ewige Heimat. Er ist der Ort des ewigen Lebens, die Wohnstatt der Geretteten. Der Himmel ist dort, wo JESUS ist. JESU ausdrücklicher Wunsch ist: »Wo ich bin, da soll mein Diener auch sein« (Joh 12,26). Im hohenpriesterlichen Gebet bittet der Herr: »Vater, ich will, daß, wo ich bin, auch die bei mir seien, die du mir gegeben hast, auf daß sie meine Herrlichkeit sehen« (Joh 17,24).

Das Wesen Gottes ist Liebe, und darum ist der Himmel auch ein Ort ewiger Liebe. *Glaube, Hoffnung, Liebe,* diese drei sind zentrale Beweggründe eines Christen, »aber die Liebe ist die größte unter ihnen« (1 Kor 13,13). Der *Glaube* wird einst aufhören, wenn er ins Schauen mündet. Auch die *Hoffnung* endet in der Ewigkeit, da sie sich erfüllt hat, aber »die *Liebe* höret nimmer auf« (1 Kor 13,8). Die größte Liebe hat der Herr selbst bezeugt, indem er seine Gottgleichheit aufgab und am Fluchholz den stellvertretenden Tod für uns Sünder starb: »Niemand hat größere Liebe, denn die, daß er sein Leben läßt für seine Freunde« (Joh 15,13). Auch uns hat er das Liebesgebot aufgetragen. Das Spektrum ist weit, von den Brüdern bis hin zu den Feinden. Niemand kann ein Christ sein, der JESUS nicht von ganzem Herzen liebhat. Der Herr gibt ein Erkennungszeichen: »Wer mich liebt, der wird mein Wort halten« (Joh 14,23). Er stellte dem *Petrus* nicht die Frage nach seinem Wissen oder nach seiner Beredsamkeit, sondern nach seiner Liebe: »Hast du mich lieb?« (Joh 21,17). Die Menschen verlassen oft das, was sie gern mögen, aber niemals das, was sie lieben. Sie können verleugnen, wovon sie verstandesmäßig überzeugt sind, aber niemals das, was tief in ihrem Herzen liegt. *C.H. Spurgeon* betonte [18]: »Solange ihr lebt, tut alles aus Liebe zu CHRISTUS. Laßt die Finger der Liebe wirken, das Gehirn der Liebe, Augen der Liebe, die Hände der Liebe, kämpft mit Liebe, betet mit Liebe, sprecht mit Liebe, lebt mit Liebe.«

Der Himmel ist ein Ort vollkommener Liebe. Gott selber ist die personifizierte Liebe, und er wird den gesamten Himmel damit erfüllen. Man fragte einen kleinen Jungen, was der Himmel wäre. Er erkannte das Wesen des Himmels richtig: »Der Ort, wo jeder jeden liebhat!«

7.2 Der Himmel: Nichts mehr unter dem Bann

Während unsere Welt durch die Merkmale des Sündenfalls geprägt ist, wird drüben »nichts mehr unter dem Bann sein« (Offb 22,3). Es wird alles vollkommen sein (1 Kor 13,10), und nichts wird mehr an die Folgen der Sünde erinnern. Gott selbst macht alles neu: »Gott wird abwischen alle Tränen von ihren Augen, und der Tod wird nicht mehr sein, noch Leid, noch

Geschrei, noch Schmerz wird mehr sein; denn das Erste ist vergangen« (Offb 21,4). Alle belastenden Dinge sind endgültig verbannt. Dort gibt es wirklich erfülltes Leben. Dort werden wir nichts mehr vermissen. Es wird dort nichts mehr geben, was man noch irgendwie verändern oder verbessern könnte. Alles ist vollkommen. Die Uhren werden uns nicht mehr hetzen und an verrinnende Zeit erinnern. Das Zeitliche ist an der Ewigkeit zerbrochen. Die Frage »Wo ist Gott?« wird nicht mehr gestellt, weil Gott mitten unter uns ist. Zweifler gibt es nicht mehr, denn der Glaube ist zum Schauen gekommen. Wir sehen Gott von Angesicht zu Angesicht. Angst vor der Zukunft wird keiner mehr haben, weil die Zukunft ewige Gegenwart geworden ist. Um Trost wird uns nicht mehr bange sein, denn alle Leidtragenden sind glückliche Leute. Über den Tod werden wir nur noch mitleidig lächeln, weil wir ihn alle längst überwunden haben. Es gibt kein Geschrei mehr, denn niemand leidet irgendeinen Mangel. Es gibt keine Sünde mehr, die Ursache allen Leides und Schmerzes. Die neue Schöpfung wird ohne Spuren der Sünde sein. Die Tore der Stadt brauchen nicht mehr verschlossen zu werden, denn es gibt keine Diebe mehr. Es gibt keine Polizei, keinen Fahndungsdienst, keine Gefängnisse, keine Schlösser und Riegel. Es gibt keine Leichenbestatter und Gräber, denn jeder Bewohner hat ewiges Leben. Es gibt keine Ärzte und Kliniken, denn Bakterien, Fieber, Seuchen und Krankheiten sind unbekannt. Es gibt kein Rotes Kreuz, keine Unfallstationen und Chirurgen, denn Unfälle, Naturkatastrophen und Kriege sind längst vorbei. Es gibt keine zerrütteten Gemeinschaften, denn dort kennt man weder Alkoholiker noch Drogen- oder Tablettensüchtige. Es gibt keine Bettler, keine Blinden, keine Stummen, keine Tauben, keine Lahmen. Es gibt keine Sprachbarrieren, keine Rassen- und Bildungsunterschiede, keine Feindschaft, keinen Egoismus und keinen Geiz, denn »wir werden ihm gleich sein« (1 Joh 3,2).

Welch ein Land! Packt uns nicht die Sehnsucht und das Heimweh?

7.3 Der Himmel: Ein ewiges Fest der Freude

Es ist kein Zufall, daß JESUS das erste Wunder auf einer Hochzeit tat (Joh 2, 1–11). Ein Hochzeitsfest ist immer ein besonderer Anlaß zur Freude. In meiner alten ostpreußischen Heimat wurden Hochzeiten nicht nur an einem Tag gefeiert, sondern drei Tage wurden in der Regel angesetzt. Auch der Himmel ist ein Hochzeitsfest – allerdings nicht von begrenzter Dauer. JESUS, das Lamm Gottes, das einst die Sünde der Welt geduldig wie ein Lamm trug, ist der Bräutigam, und seine Gemeinde – seine errettete Schar aus allen Völkern, Stämmen und Nationen – ist die Braut. Über allem steht die Freude: »Lasset uns freuen und fröhlich sein und ihm die Ehre geben, denn die Hochzeit des Lammes ist gekommen, und seine Braut hat sich bereitet« (Offb 19,7). Im Gleichnis vom verlorenen Sohn heißt es: »Und sie fingen an, fröhlich zu sein« (Lk 15,24). Im Himmel hört diese Fröhlichkeit nicht mehr auf, und das Ausmaß der Freude ist uns nicht vorstellbar. *C.H. Spurgeon* sagte [18]: »Unsere Freude auf der Erde ist kaum mehr als der niedrigste Wasserstand bei Ebbe, aber im Himmel rauscht die Freude wie eine volle Springflut.« Hier ist die Freude eine Frucht des Geistes (Gal 5,22), und *Paulus* ermahnt uns in CHRISTO, allezeit in der Freude zu bleiben (Phil 4,4). Die Freude des Himmels findet hier nicht ihresgleichen, darum weist der Prophet auf die vollkommene Freude hin. Im Hinblick darauf schmilzt sogar größter irdischer Schmerz zusammen: »Denn ich halte dafür, daß dieser Zeit Leiden der Herrlichkeit nicht wert sei, die an uns soll offenbart werden« (Röm 8,18). Auch wenn uns Versuchung und Verfolgung plagen, so soll uns der Blick zur ewigen Freude Ausharren verleihen: »Meinet nicht, es widerführe euch etwas Seltsames, sondern freuet euch, daß ihr mit CHRISTUS leidet, auf daß ihr auch zur Zeit der Offenbarung seiner Herrlichkeit Freude und Wonne haben möget« (1 Petr 4, 12–13). Freude ist das Klima des Himmels; vor dem Herrn ist »Freude die Fülle« (Ps 16,11). Welch wunderbarer Augenblick, wenn der Herr bei seiner Wiederkunft seinen treuen Knechten sagen wird: »Gehe ein zu deines Herrn Freude« (Mt 25,21). An der Hochzeitstafel des Herrn geschieht das uns Unvorstellbare: Er wird uns als seine Gäste bedienen:

Bild 14: »... aus allen Nationen und Stämmen und Völkern und Sprachen« (Offb. 7,9).

»Er wird sich schürzen und sie zu Tische führen und hinzutreten und sie bedienen« (Lk 12,37). Der Schöpfer des Universums und allen Lebens, der Sohn Gottes in seiner Majestät und Herrlichkeit, der für uns alles tat, um uns zu erlösen, nun will er uns auch noch bedienen. Ich wage den Gedanken kaum zu schreiben, aber der Herr hat es selbst gesagt.

Im Gleichnis vom großen Abendmahl (Lk 14, 16–24) zeigt uns der Herr, wie sehr er um Gäste für diese ewige Hochzeit wirbt. Jeder ist eingeladen zu der größten und schönsten Hochzeit: Gast bei JESUS zu sein. Haben wir schon einmal erlebt, wie das ist, wenn wir jemandem etwas Gutes tun wollen und bekommen die kalte Schulter gezeigt? Wieviel schlimmer ist es, wenn wir die Einladung zum Fest aller Feste ausschlagen! »Da ward der Hausherr zornig« (Lk 14,21). Diejenigen, die abgelehnt haben mit tausenderlei profanen Entschuldigungen, werden den Himmel nicht sehen. Bleibt der Himmel dadurch leer? Nein, das Hochzeitsfest findet bei *voller* Tafel statt. *Daniel* schaut das Fest prophetisch: »Tausend mal tausend dienten ihm, und zehntausend mal zehntausend standen vor ihm« (Dan 7,10), und der Herr JESUS beschreibt seine Gäste aus allen Ländern kommend: »Und es werden kommen vom Osten und vom Westen, vom Norden und vom Süden, die zu Tische sitzen werden im Reich Gottes« (Lk 13,29). Auf der Erde gehörten sie zu den verschiedensten Völkern und Rassen, nun aber bilden sie die eine Familie Gottes, die *Johannes* schon schauen durfte: »Danach sah ich, und siehe, eine große Schar, welche niemand zählen konnte, aus allen Nationen und Stämmen und Völkern und Sprachen, vor dem Thron stehend und vor dem Lamm, angetan mit weißen Kleidern« (Offb 7,9).

Auf der Hochzeit zu Kana war **Seine** Stunde gekommen. Heute ruft uns der Herr zu: **Deine** Stunde ist gekommen – die Einladung zur Hochzeit des Lammes, zum Fest der ewigen Freude, anzunehmen.

7.4 Der Himmel: Sonne ohne Untergang

Die jetzige Schöpfung erhält ihr Licht von einer geschaffenen Sonne. Licht ist eine unabdingbare Voraussetzung für das Leben. Das Wesen Gottes ist Licht (1 Joh 1,5), darum ist Licht auch ein wesentliches Kennzeichen der neuen Welt Gottes. Dort gibt es allerdings keine geschaffene Sonne mehr, sondern der Herr selbst wird das Licht sein. Prophetisch durfte *Jesaja* das schon mitteilen: »Die Sonne soll nicht mehr des Tages dir scheinen, und der

Glanz des Mondes soll dir nicht leuchten; sondern der Herr wird dein ewiges Licht und dein Gott wird dein Preis sein. Deine Sonne wird nicht mehr untergehen und dein Mond den Schein verlieren; denn der Herr wird dein ewiges Licht sein, und die Tage deines Leides sollen ein Ende haben« (Jes 60, 19–20).

Auch das letzte Buch des Alten Testaments weist auf die ewige Sonne hin:

»Euch aber, die ihr meinen Namen fürchtet, soll aufgehen die Sonne der Gerechtigkeit« (Mal 4, 2).

Die Sonne ist der Herr JESUS selbst. Seine herrliche Wiederkunft ist für die Gläubigen Sonnenaufgang. Kurz vor diesem Sonnenaufgang der Ewigkeit »werden Sonne und Mond den Schein verlieren« (Mt 24, 29). Ihre zeitlich begrenzte Aufgabe ist erfüllt: » . . . der erste Himmel und die erste Erde vergingen« (Offb 21, 1). Das Neue ist angebrochen. In den letzten beiden Kapiteln der Bibel wird der Gedanke endgültig offenbart, daß JESUS nicht nur das Licht der Welt war (Joh 8, 12), sondern auch das Licht der Ewigkeit ist: »Und die Stadt bedarf keiner Sonne noch des Mondes, daß sie ihr scheinen; denn die Herrlichkeit Gottes erleuchtet sie, und ihre Leuchte ist das Lamm« (Offb 21,23). Das Lamm Gottes, das einst die Sünde der Welt trug, scheint nun in alle Ewigkeit als Sonne der Gerechtigkeit. Wir sind jetzt in einen Tag-Nacht-Rhythmus einprogrammiert; drüben »wird keine Nacht mehr sein« (Offb 22, 5).

Der römisch-deutsche Kaiser *Karl V.* war von 1516–1556 als *Karl I.* gleichzeitig König von Spanien. Er eroberte Mexiko und Peru und legte damit den Grund für das spanische Kolonialreich. Seine Herrschaft reichte von Mittelamerika bis Spanien. Er sagte voller Stolz:

»In meinem Land geht die Sonne nicht unter!«

Abgesehen davon, daß diese Aussage nicht korrekt war, ist sein Reich längst vergangen. Von dem Reich Gottes, von dem Himmel, kann es wirklich gesagt werden: Es ist das einzige »Land«, für das zutrifft: »*Sonne ohne Untergang.*«

8. Schlußbemerkung

In dem vorliegenden Buch haben wir eine Thematik behandelt, die gerade in unseren Tagen immer wieder zu bewegten Gesprächen führt. Durch den internationalen Reiseverkehr und die starke Informationsverbreitung in den Massenmedien werden wir ständig auch mit den verschiedenen Religionen konfrontiert. So entsteht die bohrende Frage: Führen die vielen Wege der Religionen nicht alle zum Heil, und münden sie nicht in die Ewigkeit Gottes ein? Wird Gott nicht anerkennen, daß sie letztlich alle gesucht haben? Hat die Wahrheit nicht viele Gesichter?

Lessing erfand die *Ringparabel* und hat damit die Einzigartigkeit des Evangeliums als Weg zu Gott kritisiert. Auch von manchen Christen sind leider immer wieder Sonderwege der Erlösung erdacht worden, von denen wir einige besprochen haben. Die Tragik der menschlichen Heilsangebote sehen wir in der furchtbaren Täuschung: Man glaubt, zum Leben einzugehen, und geht doch verloren.

Die anstehenden Fragen haben wir versucht, im Licht des offenbarten Wortes Gottes zu beantworten. Das Buch wurde so konzipiert, daß es sich sowohl an Suchende als auch an bereits im Glauben Stehende richtet. Manch einen treuen Zeugen des Wortes zitierten wir; wichtiger aber ist, daß Gott selbst durch sein Wort reichlich zu uns redet. Was Gott uns mitgeteilt hat, versuchten wir zu betonen; wo er schweigt, haben wir uns ebenso Zurückhaltung auferlegt. Nur vom Schriftzeugnis her werden wir erkennen, daß der Irrtum viele Gesichter hat, aber die Wahrheit nur eines. Es gibt viele Wege zum Verderben, aber nur einen zum Heil. Im Gespräch JESU mit *Pilatus* wird deutlich, daß Wahrheit weder vielschichtig noch unerreichbar ist. Sie ist aber in der Person des Sohnes Gottes annehmbar oder auch ablehnbar.

Auf den Unterschied zwischen Religion und Evangelium hat auch der in Deutschland durch zahlreiche Großevangelisationen bekannte kanadische Evangelist *Leo Janz* eindringlich hingewiesen:

»Es gibt Tausende von Religionen, aber nur ein Evangelium.
Religionen sind von Menschen erdacht, das Evangelium jedoch ist eine Offenbarung göttlicher Gedanken.
Religionen wurden von Menschen gemacht, das Evangelium jedoch ist ein Geschenk Gottes.
Die Religion ist die Meinung der Menschen, das Evangelium die Mitteilung Gottes.
Religion ist im allg. die Geschichte eines sündigen Menschen, der etwas für den heiligen Gott tun wollte; das Evangelium dagegen erzählt uns, was der heilige Gott für den sündigen Menschen getan hat.
Die Religion ist eine Suche nach Gott, das Evangelium dagegen ist die frohe Botschaft, daß JESUS auf der Suche nach Menschen ist: Des Menschen Sohn ist gekommen, zu suchen und selig zu machen, was verloren ist.
Die beste Religion – und nehmen wir einmal an, die christliche Religion wäre die beste –, die beste Religion betont die Notwendigkeit äußerer Dinge, das Evangelium jedoch beginnt mit einer inneren Umgestaltung.«

Wie die Rettung des Menschen vom Evangelium her geschieht, wurde ausführlich und schrittweise dargelegt. Wir haben keinen Anspruch auf Erlösung; was uns im Evangelium widerfährt, ist Gnade. So steht es uns nicht zu, Gottes Gerichte nach unseren Maßstäben zu beurteilen, denn »unbegreiflich sind seine Gerichte und unerforschlich seine Wege!« (Röm 11,33). Sein Wort aber steht uns als unverbrüchliches Dokument zur Verfügung. So möge der Leser auch unsere Darlegungen an Hand der Heiligen Schrift prüfen und dann entsprechend handeln.

Literaturverzeichnis

[1] Beck, H. W.: Schritte über Grenzen zwischen Technik und Theologie, Reihe WORT + WISSEN, Band 6,2
Hänssler-Verlag, Neuhausen-Stuttgart, 1979, 255 S.

[2] Busch, W.: Verkündigung im Angriff
Aussaat Verlag, Wuppertal 1968, 196 S.

[3] Deutsches Patentamt: Blatt für Patent-, Muster- und Zeichenwesen
Herausgegeben vom Deutschen Patentamt, 83. Jahrg., März 1981

[4] Gitt, W.: Das biblische Zeugnis der Schöpfung
Reihe WISSEN + LEBEN, Band 4
Hänssler-Verlag, Neuhausen-Stuttgart, 1983, 200 S.

[5] Herrmann, K.: Der Dampfspatenpflug
Kultur & Technik, H.1, 1981, S. 26–31

[6] Jessen, J.: Dat Ole un dat Nie Testament in unse Moderspraak
Vandenhoeck & Ruprecht, Göttingen, 4. Auflage 1968

[7] Kemner, H.: Jesus trifft dich überall
Brunnen-Verlag GmbH, Gießen und Basel, 1971, 79 S.

[8] Kemner, H.: Gott baut auf allen Straßen
Brunnen-Verlag GmbH, Gießen und Basel, 2. Auflage 1972, 87 S.

[9] Kriese, R.: Okkultismus im Angriff
Hänssler-Verlag, Neuhausen-Stuttgart, 1976, 224 S.

[10] LBS (Hrsg.) Patentierte Lebensqualität von anno dazumal
Begleitbroschüre zur gleichnamigen Ausstellung

[11] Le Seur, P.: Die Zukunft der Toten nach dem Sterben
Aussaat Verlag, Wuppertal, 10. Auflage 1976, 136 S.

[12] Oehlenschläger, D. (Hrsg.): Mission – ein Lebenskonzept?
K. Lagershausen: Warum kommt ihr erst jetzt?
Brunnen-Verlag GmbH, Gießen und Basel, 1973, 70 S.

[13] Pache, R.: Das Jenseits
R. Brockhaus Verlag, Wuppertal, 1973, 224 S.

[14] Pahls, W.: Der große Unterschied zwischen Religion und Evangelium
Evangelisationspredigt im 2000-Mann-Zelt in Wienhausen bei Celle am 5. August 1981

[15] Sanders, J. O.: Und die Menschen ohne Evangelium
Brunnen-Verlag GmbH, Gießen/Basel, Überseeische Missionsgemeinschaft (ÜMG), Zürich, 2. Auflage 1978, 87 S.

[16] Smith, O.: Glühende Retterliebe
Verlag und Schriftenmission der Ev. Gesellschaft für Deutschland, Wuppertal-Elberfeld, 10. Auflage 1972, 187 S.

[17] Spurgeon, C. H.: Ganz aus Gnaden
J. G. Oncken-Verlag, Kassel, 3. Auflage 1965, 95 S.

[18] Spurgeon, C. H.: Hast du mich lieb?
Oncken-Verlag/Schulte-Verlag, 1. Auflage 1978, 287 S.

[19] Tanner, W.: Altern und Tod aus der Sicht der Biologie
Biologie in unserer Zeit, 10 (1980), S. 45–51

[20] Wurmbrand, R.: Erreichbare Höhen
Stephanus Edition, Seewis/Uhldingen 1. Auflage 1978, 464 S.

Namenverzeichnis

Verzeichnis der Bibelstellen

Die wörtlich zitierten Bibelstellen wurden nach der Luther-Übersetzung (AT: 1912; NT: 1956) angegeben; Ausnahmen sind gekennzeichnet mit: H: Manfred Hausmann, S: Franz Eugen Schlachter, Z: Zürcher Bibel.

Quellenverzeichnis der Bilder

Bild 1:	Österreichisches Landwirtschaftliches Wochenblatt, 5 (1879), S. 61, Bildarchiv der Max-Eyth-Gesellschaft c/o Universitätsarchiv Hohenheim, siehe auch Literaturzitat [5]
Bild 2 und 3:	siehe Literaturzitat [10]
Bild 12 und 14:	Fritz Fankhauser, vgl. Seite 106 bzw. S. 119 aus dem Buch Michael Griffiths, Fritz Fankhauser: Asien im Wandel, Brunnen-Verlag, Gießen und Basel
Bild 13:	Missionar Helmut Keller, Philippinen (Deutsche Missionsgemeinschaft, Buchenauerhof, 6920 Sinsheim)